Militärgeschichtlicher Reiseführer

Tannenberg

Karl-Bernhard Müller · Michael A. Tegtmeier

Tannenberg

MILITÄRGESCHICHTLICHER
REISEFÜHRER

Herausgeber:
Horst Rohde und Robert Ostrovsky

SEIT 1789

Verlag E.S. Mittler & Sohn · Hamburg · Berlin · Bonn

Umschlagvorderseite:
Der steinerne Löwe vor dem Rathaus von Hohenstein ist (abgesehen von dem noch erhaltenen Torbogen) der einzige sichtbare Rest des Tannenberg-Ehrenmals und erinnert an die Gefallenen der 37. Infanteriedivision (Allenstein), deren Wappentier er war.

Umschlagrückseite:
Reichsehrenmal Tannenberg, Torbogen an der E 77

Bildnachweis:
Aus: C.H. Bear – Der Völkerkrieg: S. 29
Aus: K. Guthardt/H. Dörnenburg – Elektronischer Kampf: S. 44
Aus: Tannenberg. Deutsches Schicksal: S. 30, 32, 35, 37, 70, 75, 83, 95, 97–100
Aus: R. v. Wehrt – Wie Hindenburg die Russen schlug: S. 28
(siehe auch Kap. X Literaturverzeichnis: S. 134)
Die Abbildungen auf den Umschlagseiten und alle weiteren Abbildungen stammen aus dem Archiv der Autoren.

Kartenbeilage:
Kreis Osterode in Ostpreußen 1: 100.000 (Stand: ca. 1920)
Bundesamt für Kartographie und Geodäsie

Die Deutsche Bibliothek – CIP-Einheitsaufnahme

Müller, Karl-Bernhard:
Tannenberg / Karl-Bernhard Müller/Michael A. Tegtmeier. – Hamburg ; Berlin ; Bonn : Mittler, 2000
(Militärgeschichtlicher Reiseführer)
ISBN 3-8132-0701-3

ISBN 3 8132 0701 3

Layout/Produktion: Alexandra Busch/Brigitte Neumann
Umschlaglayout: Brigitte Neumann, nach einer Reihengestaltung von Wolfgang Ronstadt, Alfter
Lithographie und Belichtung: johannes bauer digital, Hamburg
Druck und Bindung: freiburger graphische betriebe, Freiburg
Printed in Germany

Inhalt

I. Vorworte

Einführung

Mit dem vorliegenden Militärgeschichtlichen Reiseführer »Tannenberg« wird erstmals außerhalb Deutschlands die Möglichkeit eröffnet, sich dem weiten Feld der historischen Betrachtung von kriegerischen Auseinandersetzungen auch auf dem Gebiet des ehemaligen Warschauer Paktes zu widmen. Eine Besonderheit ergibt sich hierbei daraus, daß sich mit dem Namen Tannenberg zwei Schlachten verbinden lassen, die, fast genau 500 Jahre auseinander liegend, für ihre jeweilige Zeit eine spezielle Bedeutung gewonnen haben.

Die Schlacht von Tannenberg 1410 – die Polen nennen sie die Schlacht von Grunwald – beendete die bis dahin im Osten vorherrschende Dominanz des Deutschen Ordens. Sie wurde damit zum Eckstein im historischen Selbstverständnis Polens, auf den die polnische Nation bis zum heutigen Tag stolz ist.

Die Bedeutung der Schlacht von Tannenberg im Jahre 1914 hatte diese nachhaltige Wirkung weder für Deutschland, noch hat sie den Ausgang des Ersten Weltkrieges entscheidend beeinflussen können. Nichtsdestoweniger nimmt diese Schlacht, aus militärischer Sicht, eine herausragende Stellung ein. Durch den Sieg bei Tannenberg und die anschließenden erfolgreichen Gefechte an den Masurischen Seen wurde die Voraussetzung für die Behauptung auf dem Kriegsschauplatz im Osten geschaffen.
Nach Leipzig und Sedan ist Tannenberg (1914) die größte Einkreisungsschlacht, die die Weltgeschichte kennt, und wird immer als die zeitgenössische Variante der Schlacht von Cannae angesehen. Sie gründete sich u.a. auf außergewöhnlichen taktischen und operativen Fähigkeiten der Generale von Hindenburg und Ludendorff. Daneben haben aber auch Unzulänglichkeiten der russischen Führung, Zufälligkeiten und das Glück des Tüchtigeren den deutschen Sieg begünstigt.

Der Besuch des Schlachtfeldes von Tannenberg gilt heute keiner überhöhten Heldenverehrung der führenden Persönlichkeiten, sondern der nüchternen Analyse der Situation, in die beide Seiten gestellt waren. Im Mittelpunkt des Interesses sollte stehen, wie die russische und die deutsche militärische Führung die jeweilige Lage beurteilten, welche Schlußfolgerungen sie daraus zogen, ob diese richtig oder falsch

waren, und wie sich diese dann letztlich auf dem Schlachtfeld ausgewirkt haben.
Dabei wird deutlich, daß Tannenberg nicht das zwingende Ergebnis eines in sich geschlossenen, den gesamten Ablauf der Schlacht umfassenden Operationsplanes war, sondern sich aus einem auf deutscher Seite richtigen und weitreichenden ersten Kräfteansatz heraus schrittweise entwickelte, von vielen Unwägbarkeiten beeinflußt und letztlich durch das bessere operative Können entschieden wurde.

Der Besuch des Schlachtfeldes sollte aber auch denen gelten, die als Soldaten aller Rangordnungen die Operationspläne der jeweiligen Seite in die Tat umsetzten, dabei unerhörte Strapazen auf sich nahmen und an vielen Abschnitten schwer bluten mußten.
Die Inschrift auf dem Gedenkstein des Soldatenfriedhofs in Orlau: »Unseren Helden – gefallen bei Orlau«, wirft auch über 80 Jahre nach der Schlacht noch viele Fragen auf. Es ist dies besonders die Frage nach dem Heldentum an sich; denn die hier bestatteten jungen Männer hätten es sicherlich vorgezogen, ein friedliches Leben in ihrer Heimat zu führen, anstatt in fremder Erde als Helden bestattet zu werden.
Diese jungen Männer haben damals ihre militärische Pflicht für ihr Vaterland und ihre Kameraden geleistet – mit Freude sind aber auch sie sicher nicht gestorben. Ihre Gräber zu pflegen und ihrer Leiden zu gedenken, muß uns deshalb auch heute noch Verpflichtung und Mahnung sein.

Wir, die Angehörigen einer Generation, der das Glück einer längeren Friedensepoche als jeder Generation vor uns beschieden ist, sollten froh darüber sein, daß wir uns heute über die Gräber von Orlau hinweg, in denen junge russische und deutsche Soldaten begraben liegen, in Freundschaft die Hand reichen können. Für uns bietet sich nach dem Ende des Kalten Krieges die historische Chance des Neuanfangs im Zeichen der Versöhnung – und dies auf den historischen Schlachtfeldern von Tannenberg/Grunwald gerade auch zwischen Deutschen und Polen.

Der Besuch der Schlachtfelder von Tannenberg eröffnet nicht nur Soldaten, sondern auch anderen geschichtlich Interessierten die Möglichkeit, an diesem Neuanfang teilzuhaben. Pathos, Personenkult und nationaler Chauvinismus sind dabei völlig fehl am Platz. Das Lernen aus der Vergangenheit für eine gemeinsame Zukunft sollte im Vordergrund stehen.

Dr. Klaus Reinhardt

Hinweise der Verfasser

Zu Beginn der achtziger Jahre entdeckten wir im Offizierkasino der Garnisonsstadt Homberg/Efze ein Gemälde, das General Max Hoffmann zeigte. Bei näherer Betrachtung erfuhren wir, daß er Ehrenbürger der Stadt Homberg sei und maßgeblichen Anteil an der Schlacht von Tannenberg gehabt habe. Hierdurch wurde unser Interesse geweckt, und nach Ende des Kalten Krieges bot sich für uns die Möglichkeit, das Schlachtfeld, welches im heutigen Polen liegt, persönlich in Augenschein zu nehmen. Dort entstand die Idee, das erworbene Wissen auch anderen zugänglich zu machen. Erstmals wurde dies im Herbst 1997 in die Tat umgesetzt, als wir für eine Gruppe von Bundeswehroffizieren eine militärhistorische Reise über das Schlachtfeld durchführten. Dabei und auch bei anderen Besuchen wurden wir von Touristen immer wieder gefragt, wo man etwas über die Schlacht bei Tannenberg nachlesen könne und ob heute noch Denkmäler und Soldatenfriedhöfe aus dieser Zeit zu besichtigen seien. Dies bestärkte uns, den vorliegenden Reiseführer zu schreiben.

Dessen Ziel war es zunächst, die Schlacht bei Tannenberg 1914 zu beschreiben. Dabei stellten wir fest, daß Tannenberg nicht nur für die deutsche Geschichte eine herausragende militärhistorische Bedeutung besitzt, sondern daß die Orte Tannenberg bzw. Grunwald auch für Polen eine besondere Stellung einnehmen. Aus diesem Grund haben wir der Schlacht im Jahre 1410 ein eigenes Kapitel gewidmet.

Das vorliegende Buch soll darüber hinaus dem historisch Interessierten die Möglichkeit bieten,

- zusammengefaßte Hintergrundinformationen zum Ausbruch des Ersten Weltkrieges zu erhalten,
- den Schlachtverlauf 1914, die militärischen Führer, ihre Ziele und Absichten kennenzulernen und
- Orte aufzusuchen, die für beide Schlachten von Bedeutung waren.

Wir haben Routenvorschläge erarbeitet, anhand derer ausgewählte Situationen der Schlacht nachvollzogen werden können. Um die damalige Atmosphäre und die Rahmenbedingungen besser zu begreifen, sind Textausschnitte aus der Literatur beigefügt.

Dabei stützen wir uns auf das Buch »August Vierzehn« von Alexander Solschenizyn. Hierzu muß angemerkt werden, daß in Rußland bis zum 1. Februar 1918 der Julianische Kalender galt. Dieser blieb hinter dem in Deutschland gebräuchlichen Gregorianischen Kalender um 13 Tage zurück. Solschenizyn hat zur besseren Orientierung hinter jedem »russischen« Datum zusätzlich das gregorianische in Klammern verwendet.

Eine Wegbeschreibung zu den Soldatenfriedhöfen soll die Möglichkeit eröffnen, an diesen Orten der Soldaten aus Rußland und Deutschland zu gedenken, die während der Schlacht gefallen sind.

Zwecks Vereinfachung und besserer Lesbarkeit werden nur im Kapitel IV (»Reisemöglichkeiten nach Tannenberg«), in einem Abschnitt des Kapitels V (»Routenvorschläge – Soldatenfriedhöfe«) sowie im Kapitel XI (»Besichtigungsmöglichkeiten und praktische Hinweise«) die damaligen deutschen Ortsnamen und die heute gültigen polnischen Bezeichnungen nebeneinander verwendet. Ansonsten haben wir uns im allgemeinen für eine alleinige Benutzung der ehemals deutschen geographischen Begriffe entschieden, weil die darzustellenden Handlungen auch in jener Zeit spielen. Um Orientierungsprobleme in der heutigen Zeit zu vermeiden, wurde als Kapitel VIII (»Ortsbezeichnungen«) eine Auflistung deutsch-polnischer bzw. polnisch-deutscher Ortsbezeichnungen mit aufgenommen. Durchgehend ist bei sämtlichen polnischen Wörtern auf die Verwendung von Akzenten verzichtet worden.

Die separat beigefügte Karte ermöglicht eine Zuordnung der Orte mit der zeitgenössischen deutschen Bezeichnung.

Unser herzlicher Dank gilt denen, die uns dieses Projekt ermöglicht haben und an seiner Realisierung mitwirkten. Dabei sind besonders die Herren Dr. Klaus Reinhardt, Axel Bürgener und Ulrich Küster zu nennen. Darüber hinaus haben wir besonders gute Unterstützung durch die Herren Andreas Bednarzyk, Wolfgang Eisenhardt, Joachim Schmidt, Norbert Schmidt, Rüdiger Schmitz, Manfred Strauch, Michael Ulzheimer und Frank Wieber erfahren.

Die Verfasser haben ihre Angaben vor Ort eingehend überprüft. Bei Zeit- und Zahlenangaben stützen wir uns auf die im Kapitel X (»Literaturverzeichnis«) angegebenen Werke, im besonderen auf das Buch von Theobald von Schäfer: Tannenberg. Es erschien als Band 19 in der Reihe Schlachten des Weltkrieges. In Einzeldarstellungen bearbeitet und herausgegeben im Auftrage des Reichsarchivs. Trotz intensiver Recherchen sind Lücken, Irrtümer und lokale Veränderungen nicht völlig auszuschließen. Wir bitten daher unsere Leser, uns ihre Anregungen und Ergänzungswünsche über den Verlag zukommen zu lassen, damit wir diese bei zukünftigen Neuauflagen berücksichtigen können.

Karl-Bernhard Müller
Michael A. Tegtmeier

II. Tannenberg 1410

Vorgeschichte

1384 war Hedwig (Jadwiga), eine Tochter des zwei Jahre zuvor verstorbenen Königs Ludwig von Ungarn und Polen, zur Herrscherin des polnischen Teilreiches gekrönt worden, das damit wieder selbständig wurde. Bereits laufende Verhandlungen mit dem benachbarten Litauen führten dann zunächst 1385 zum Vertrag von Krewo, durch den u.a. Polen mit dem angrenzenden Staat eine Union einging und die Ehe zwischen Jadwiga und dem litauischen Herrscher, Großfürst Jagiello (Wladislaw), beschlossen wurde. Die Hochzeit fand im nächsten Jahr in Krakau statt. In der folgenden Zeit sorgte zwar der Großfürst Witold, ein Vetter Wladislaws, der skrupellos zum führenden Mann in Litauen aufstieg, für ständige Probleme zwischen den beiden Teilreichen; aber die wachsende gemeinsame Gegnerschaft gegen den Deutschen Orden sorgte letztendlich doch dafür, daß sich die polnisch-litauische Union bewährte.
Der schwelende Konflikt um Samaiten führte zum Ausbruch des Krieges zwischen dem Deutschen Orden und Polen-Litauen im Jahre 1409 und leitete damit eine Kette von Ereignissen ein, an deren Ende die Schlacht bei Tannenberg stand. Der begehrte Landstrich war dem Orden im Frieden von Sallinwerder 1398 zugesprochen worden, zu einem Zeitpunkt, da die Litauer ihre Kräfte gegen die Tataren sammeln mußten (Schlacht an der Worskla 1399). 1409 stachelte Großfürst Witold jedoch die Samaiten zum allgemeinen Aufstand gegen die Ordensherrschaft an, obgleich er die Rechte des Ordens in einem Vertrag von 1404 bestätigt hatte.
Als Jagiellos Gesandter, der Erzbischof von Gnesen, auf eine Frage des Hochmeisters des Deutschen Ordens, Ulrich von Jungingen, erklärte, der polnische König werde nicht tatenlos zusehen, falls der Orden bei der Bekämpfung des Aufstandes in Samaiten einfallen sollte, beschloß der Hochmeister, zunächst Polen zu bezwingen. Er begann daher im August 1409 den Krieg, dessen Höhepunkt die Schlacht bei Tannenberg am 15. Juli 1410 werden sollte.

Aufmarsch der Heere

Der Deutsche Orden war schlecht darüber unterrichtet, welche Kriegspläne der Polenkönig verfolgte. Der Hochmeister rechnete mit Angriffen von verschiedenen Seiten auf sein zwischen den Mächten Polen und Li-

tauen gelegenes Gebiet. Seine Strategie war vorerst auf Defensive ausgerichtet. Große Teile seiner Truppen setzte er zur Verteidigung der Neumark, des Kulmer Landes und der Ostgrenze ein. Er selbst sammelte sein Hauptheer auf dem linken Weichsel-Ufer bei Schwetz, das die Soldaten aus dem Reich und die angeworbenen Söldner aufnehmen sollte, um sich dann auf den Schwerpunkt des polnischen Angriffs auszurichten.
Ulrich von Jungingen überließ so dem Polenkönig die Initiative. Jagiello und Witold dagegen waren sich einig, alle Kräfte zu konzentrieren und einen Hauptschlag zur Vernichtung des Ordens zu wagen.

Die Zusammenführung des polnisch-litauischen Heeres geschah mit einer Planmäßigkeit, die weit über ähnliche Leistungen mittelalterlicher Kriegführung hinausging. Am 30. Juni versammelten sich die Truppen des Königs. Aus dem Süden zogen Kontingente Kleinpolens heran, zu denen zuvor schon die Scharen aus Podolien und Moldavien gestoßen waren. Am weitesten her kamen Banner aus Kiew. Von Westen her marschierten Heeresteile der Großpolen, die mit Schiffsbrücken – für die damalige Zeit etwas Ungewöhnliches – über die Weichsel setzten. Vom Osten rückten die Tataren und Litauer, den Narew entlang kommend, heran. Im Süden stand Janusz von Masowien mit seinem Heer bereit.
Diese Truppenteile bewegten sich mit der für damalige Verhältnisse sehr hohen Marschleistung von 100 Kilometern in einer Woche nach Norden und standen am 8. Juli nordwestlich von Lautenburg. Die tief in die Sandhöhen einschneidende Drewenz behinderte dort aber jegliche Kampfhandlung, und so marschierte das Polenheer nach Südosten über Lautenburg zurück nach Soldau und dann weiter nördlich nach Gilgenburg (s. Karte Seite 17). Diese Städte mußten, vor allem durch die Tataren, Furchtbares an Kriegsgreueln hinnehmen. Tausende Männer, Frauen und Kinder wurden hingeschlachtet; und das Land brannte weithin.
Schnell verbreiteten sich die schrecklichen Nachrichten im Ordensheer und lösten dort feste Entschlossenheit und Kampfeswut aus. Der Hochmeister marschierte nun in Eilmärschen über Löbau nach Grünfelde, um diesem mordbrennenden Heer den weiteren Weg ins Land zu verlegen. Hier trafen sich beide Heere zur Entscheidungsschlacht, der größten im Mittelalter auf deutschem Boden.

Auf Lagekarten (S. 18-20) ist das Dörferdreieck angegeben, in dem sich die Schlacht abgespielt hat: Grünfelde (Grunwald) – Tannenberg (Stebark) – Ludwigsdorf (Ludwigowo).

Im ganzen gehört diese Landschaft zur Masurischen Seenplatte, ein in den Eiszeiten gebildetes Geestland mit Hochmooren, Heide und Mischwald.

Aufstellung der Heere

Ordensheer

Die 50 Banner des Ordensheeres waren in sogenannten Schlachthaufen zusammengefaßt, die vom Hochmeister und von den Gebietigern geführt wurden. Ihre weitleuchtenden Gonfanons (Kampffahnen) überragten alle anderen Banner und Fähnlein und fungierten als Kommandoflaggen. Hinter jedem der großen Banner flatterten 20 bis 100 Pennons. Diese Fähnchen schmückten die Lanzen der einzelnen Ritter und zeigten vor allem das »Dabeisein« des jeweiligen Adelsgeschlechts an. Die dreieckigen Wimpel bezeichneten aber auch die kleinste taktische Einheit der damaligen Feudalheere, die »Lanze« oder den »Spieß«.
Die **Schlachthaufen I–III** waren in etwa gleich groß und standen in einer 1.500 m breiten Front dem Polenheer gegenüber. (s. Karte Seite 18 o.)

- **Schlachthaufen I**: Oberster Marschall Friedrich von Wallenrode; ca. 4.000 Reiter, Ordensdienste und Städter
- **Schlachthaufen II**: Hochmeister Ulrich von Jungingen; ca. 4.000 Reiter, Ordensritter und Ordensleute
- **Schlachthaufen III**: Großkomtur Kuno von Lichtenstein; ca. 4.000 Reiter und Gästeritter, Söldner und Bogenschützen
- **Schlachthaufen IV**: Oberster Treßier Thomas von Mernheim; ca. 2.000 Reiter, Söldner und die Kulmischen als Reservetruppen
- **Lagertruppen**: Oberster Spittler Werner von Tettingen; ca. 6.000 Mann Fußvolk, wehrhafte Bauern und Bogenschützen
- **Artillerie**: etwa 100 gegossene Terrasbüchsen verschiedenen Kalibers mit faust- oder kopfgroßen Kugeln, verteilt vor der Ordensfront.

Polenheer

Das Polenheer bestand aus zwei annähernd gleich großen Kriegshaufen, dem polnischen und dem litauisch-russischen Flügel:

- **polnischer Flügel:** König Jagiello; ca. 10.000 polnische Reiter, 1.000 Moldauer und 500 böhmische

Söldner, dahinter Pulks von Fußvolk

- **litauisch-russischer Flügel:** Großfürst Witold; ca. 5.000 Litauer, 3.000 Tataren, 2.500 Smolensker und Moskowiter.

Die Masse des polnischen Kontingents verteilte sich hinter 56 Fahnen, die die verschiedenen Woiwodschaften oder Fürstentümer kennzeichneten.

Die Schlacht am 15. Juli 1410

Die Schlachtaufstellung geschah aus der Bewegung beider Heere heraus. Der Orden zog von Grünfelde auf dem Verbindungsweg nach Ludwigsdorf südostwärts herauf, das Polenheer kam aus dem Gebiet zwischen Logdau und dem Laubensee nach Ludwigsdorf; und beide Heere schwenkten, eine breite Bodensenke zwischen sich, aus der parallelen Marschbewegung aufeinander zu.
Die Aufstellung der Schlachthaufen dauerte bis in den späten Vormittag; und es heißt, daß besonders die Ordensritter in ihren drückenden Rüstungen unter der Julihitze litten. Beide Seiten warteten, wer den Angriff durch die Niederung zuerst wagte und dem Gegner den taktischen Vorteil des Gegenstoßes überließ.
Der ungeduldige Witold auf dem rechten Flügel eröffnete dann mit seinen Litauern die Schlacht und stieß mit leicht bewaffneten Reiterscharen auf die gepanzerten Kämpfer des Ordensmarschalls Friedrich von Wallenrode. Diese warfen die Litauer und Tataren, die schwere Verluste erlitten, in mächtigem Ansturm zurück und durchbrachen die Front des litauischen Heeres. Die Ordensritter verfolgten die Flüchtenden bis hin zu den Maranse-Sümpfen. Dadurch kamen sie jedoch verspätet und zudem abgekämpft auf das eigentliche Schlachtfeld zurück (s. Karte Seite 18 u.).
Nachdem sich der Ordensmarschall mit seinen Bannern, den Tataren nachsetzend, aus dem Blickfeld des Hochmeisters verloren hatte, sah sich dieser in der Mitte des Schlachtfeldes dem zahlenmäßig weit überlegenen Polenheer, das den deutschen Rittern an Ausrüstung und Kampfkraft kaum nachstand, gegenüber. Die linke Flanke war nun ungedeckt, denn die Reservebanner des Kulmerlandes zogen erst heran.

Nun ließ der polnische König sein mächtiges Zentrum, gebildet aus Königstruppen und den Kontingenten aus Kleinpolen und Krakau sowie Söldnerhaufen aus Böhmen, in die Senke des Schlachtfeldes vorrücken. Sofort gab auch der Hochmeister das Zeichen zum Angriff.

Ulrich von Jungingen stürzte sich in herkömmlich mittelalterlich-naiver Kampfmanier an der Spitze seiner Banner ins Kampfgewühl. So kam es zur Hauptschlacht. Es gab nun keine geordneten Befehle und Gefechtseinsätze mehr; stundenlang dauerte der Kampf Mann gegen Mann. Der Hochmeister durchbrach mit seinen Getreuen dreimal die polnischen Schlachtreihen und zeichnete sich durch bewundernswerte Tapferkeit aus. Er war deshalb sicherlich ein Held; ein Feldherr war er in dieser Schlacht nicht (s. Karte Seite 19 o.).

König Jagiello dagegen, der außerhalb des Schlachtgeschehens auf einem Hügel die Kampfhandlungen verfolgte, schickte überlegt nach und nach neue oder neugeordnete Pulks in die vorderste Linie. So wurde die Kraft des Ordensheeres allmählich gebrochen. Der Kampf bis zum Abend war körperliche Schwerstarbeit, bis schließlich die schwergepanzerten Ordensritter allmählich zurückzuweichen begannen. Auch auf dem rechten Flügel versanken die Banner des Ordensheeres zwischen Reitertruppen der Rotreußen und Moldauer und wurden vernichtet.

Vergeblich sammelte der Hochmeister außerhalb des Schlachtfeldes noch einmal 15 Fähnlein und ritt mit diesen gegen die rechte Flanke der Polen an. Sie stießen aber auf frische Truppen, wurden umzingelt und geschlagen. Ulrich von Jungingen fiel; um ihn herum hatten 202 Ordensbrüder ihre Treue mit dem Tod bezahlt. Die vom Gefecht aus den Maranse-Sümpfen zurückgekehrten Ritter des Marschalls von Wallenrode, der ebenfalls gefallen war, konnten in ihrem abgekämpften Zustand auch nicht mehr rettend eingreifen, zumal sie von Witolds Smolenskern aufgehalten und auseinandergetrieben worden waren.
Zu allem Unglück senkte nun der Bannerträger der Kulmer, Nikolaus Renys, das Feldzeichen und gab damit seinen im sogenannten Eidechsenbund verschworenen Einheiten das Zeichen zur Flucht, die sofort allgemein wurde.
Die Wagenburg hinter der Front gewährte keinen ausreichenden Schutz; sie wurde von den Polen im ersten Sturm genommen. Tausende weitere Kämpfer fielen. Die Niederlage des Ordensheeres war vollständig (s. Karte Seite 19 u. bzw. 20 o.).

Viele Gefangene ließ der Polenkönig laufen, in der weisen Voraussicht, daß diese den Eindruck der großen Niederlage des Ordens durch ihre Berichte nur steigern könnten. 51 Banner des Ordens wurden erobert und in die Hauptstadt Krakau gebracht.

Den Leichnam des in der Schlacht gefallenen 26. Hochmeisters des Deutschen Ordens, Ulrich von Jungingen, verbrachte man auf Geheiß des polnischen Königs in die Marienburg. Dort fand er in der Annenkapelle seine letzte Ruhestätte.

Zehn Tage nach der Schlacht bei Tannenberg, am 25. Juli, traf Jagiellos Heer vor der Marienburg ein. Heinrich Reuß von Plauen, der Komtur von Schwetz, hatte zu diesem Zeitpunkt die Festung mit seinen Grenztruppen und den Resten des Ordensheeres bereits in den vollen Verteidigungszustand versetzt. Nach zweimonatiger Belagerung mußte Jagiello jedoch mit seinem Heer wieder abziehen, ohne irgendeinen Erfolg verbucht zu haben.

Der Krieg zwischen dem Deutschen Orden und Polen-Litauen fand im Frieden von Thorn am 1. Februar 1411 seinen Abschluß. Die territorialen Verluste des Deutschen Ordens waren verhältnismäßig gering. Die schwerste Last, die dem Orden aufgebürdet wurde, war ein Lösegeld von 100.000 Schock böhmischer Groschen bzw. 260.000 Gulden für die Räumung der Burgen und für die Auslösung der Gefangenen, die in die Hände der Sieger gefallen waren, darunter die jungen Herzöge von Stettin und Oels.
Auf den Frieden von Thorn folgte eine lange Periode finanzieller, politischer und militärischer Schwäche des Deutschen Ordens, auch ausgelöst durch die großen Verluste an Menschenleben, Tieren und Material in der Schlacht bei Tannenberg.

Aufmarsch der Heere 1410

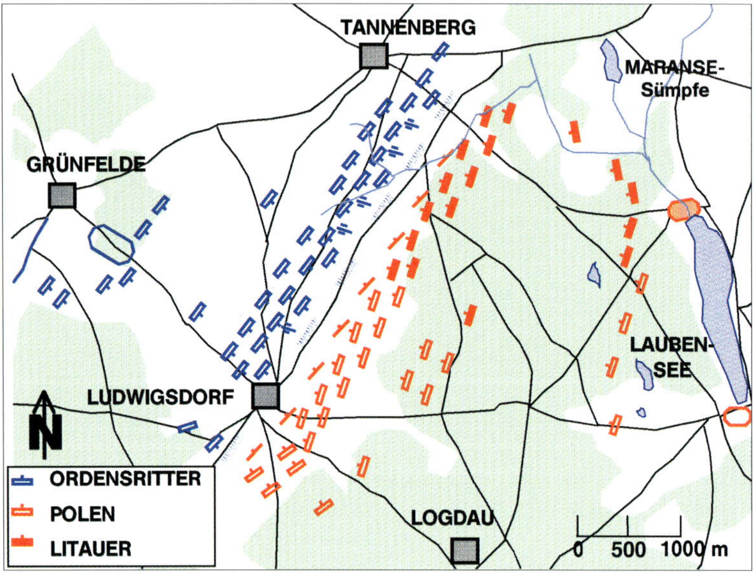

Schlachtaufstellung am 15. Juli 1410

Eröffnung der Schlacht

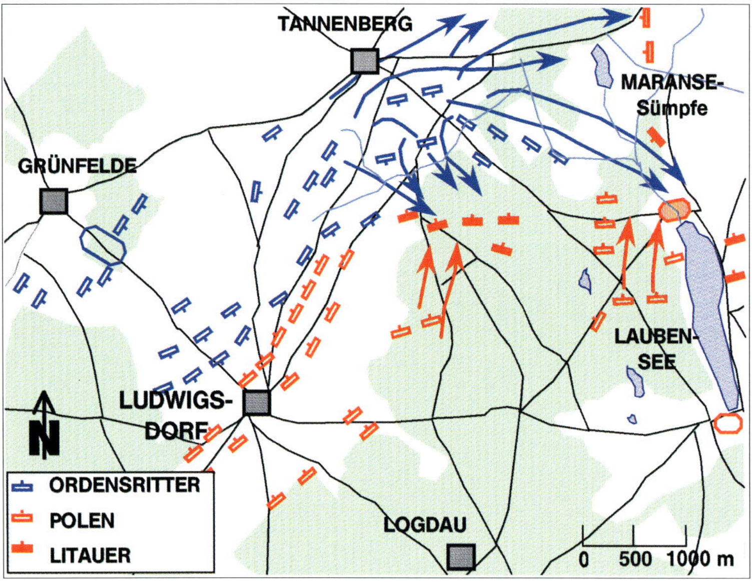

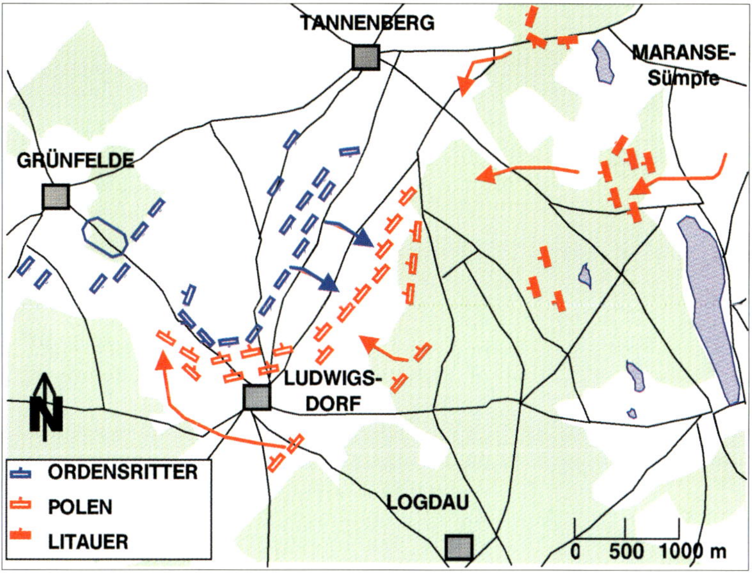

Angriff im Zentrum

Lage am späten Nachmittag

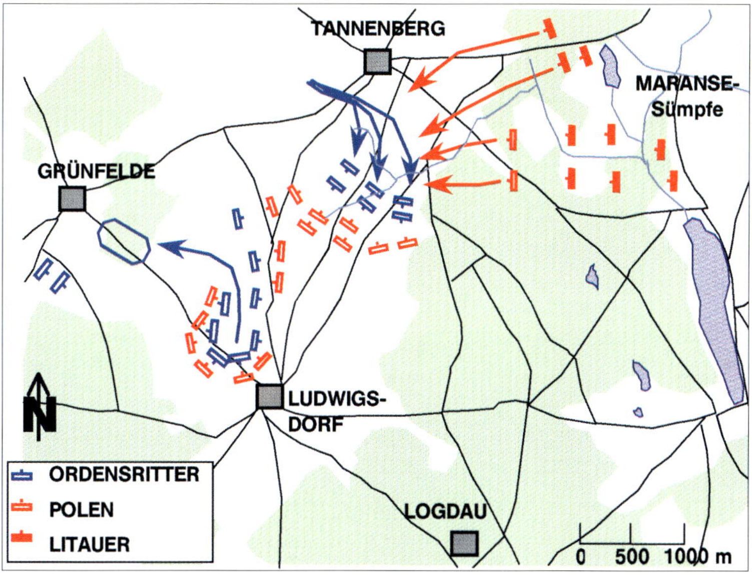

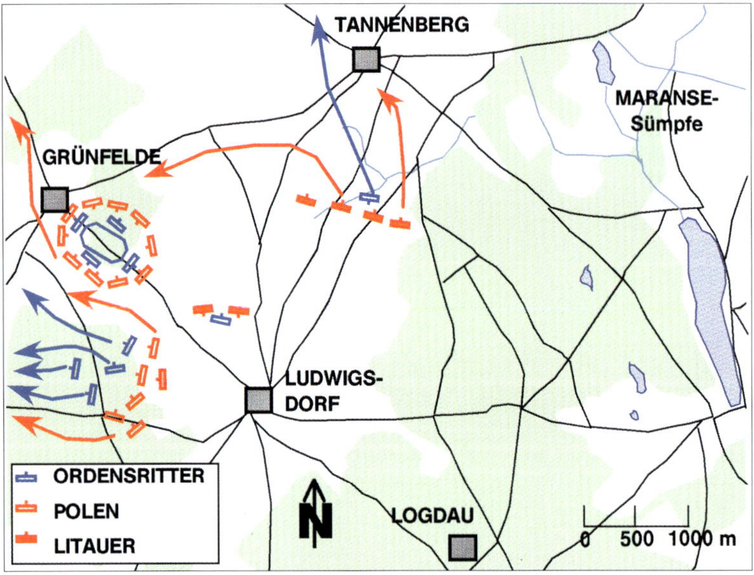

Ende der Schlacht

Jagiello-Hügel

Befehlsstelle des
polnischen Königs

Landschaft in der Region um Tannenberg im Sommer

Grunwald-Denkmal:
helmbewehrte Ritterantlitze

Grunwald-Denkmal: Aufstellung der Heere

Grunwald-Denkmal: Sturmfahnen auf dem Siegeshügel

Vermutliches Aussehen der Kapelle

Ruine der Kapelle

Jungingen-Stein

III. Tannenberg 1914

Politische Entwicklung vor dem Ersten Weltkrieg

»Wir Deutsche fürchten Gott, aber sonst nichts auf der Welt.« So rief Reichskanzler Fürst Bismarck in seiner Friedensrede am 3. Februar 1888 aus. Die Gründung des Deutschen Reiches im Jahre 1871 hatte das Machtgefüge in Europa deutlich verändert. Dazu kam eine steigende wirtschaftliche Bedeutung durch die rasche Industrialisierung. Diese verstärkte den Kampf um Rohstoffe und Absatzmärkte in Übersee. Neben einer traditionellen Rivalität verhinderte die Annexion Elsaß-Lothringens durch das Deutsche Reich eine Verständigung mit Frankreich. Der Bau einer starken Kriegsflotte, die dem deutschen Anspruch auf eine dominantere Außenpolitik Rückhalt geben sollte, führte zu einer konfrontativeren Haltung Großbritanniens. Der 1879 gebildete Zweierbund Deutschland-Österreich, 1882 um Italien erweitert, hatte die Koalition zwischen Großbritannien und Frankreich (Entente cordiale von 1904, der sich 1907 Rußland anschloß) zur Folge.

Mit Bismarcks Entlassung 1890, der weiteren Verstärkung des Heeres und der Annahme der Flottengesetze im Reichstag zeichnete sich eine zunehmende Risikobereitschaft in der deutschen Außenpolitik ab. Die Annexion von Bosnien und der Herzegowina durch Österreich (1908/1909) sowie die Kriege auf dem Balkan (1912/1913) führten Europa bereits an den Rand einer kriegerischen Auseinandersetzung.

Bewußt oder unbewußt kriegstreibend erwiesen sich auch Frankreichs Ziel, Elsaß-Lothringen zurückzugewinnen, und Rußlands Drang zu den Meerengen. Vor allem die russisch geführte panslawistische Bewegung wirkte sprengend gegenüber den starren, meist monarchisch geprägten Mächtekoalitionen mit ihrer teilweise eingefahrenen Politik. Ein Krieg wurde von den meisten Staatsmännern Europas jedoch nicht unbedingt gewollt. Trotzdem rechnete man überall mit einer zwangsläufigen großen Auseinandersetzung. Schließlich schlitterte man im August 1914 in den Ersten Weltkrieg hinein.

Die Ermordung des österreichischen Thronfolgers, des Erzherzogs Franz Ferdinand, durch serbische Nationalisten am 28. Juni 1914 in Sarajewo bot den Anlaß dafür. Damit behielt Bismarck recht, der prophezeit hatte: »Irgendeine ganz lächerliche Angelegenheit auf dem Balkan

wird den nächsten Krieg auslösen.« Österreich-Ungarn, so Barbara Tuchman in ihrem Buch »August 1914«, beschloß, »mit der kriegslüsternen Leichtfertigkeit überalterter Kaiserreiche, die Gelegenheit dazu zu benutzen, sich auch Serbien einzuverleiben, wie es sich im Jahre 1909 bereits Bosnien und die Herzegowina angeeignet hatte«.
Das Einverständnis des durch den Krieg mit Japan geschwächten Rußland nunmehr war dabei durch ein deutsches Ultimatum erzwungen worden. Um sein Ansehen als größte slawische Macht nicht in Frage zu stellen, war Rußland nunmehr bereit, militärische Macht zu zeigen. Am 5. Juli 1914 versicherte Deutschland, daß Österreich mit treuer Unterstützung rechnen könne. Dieses Signal löste eine unaufhaltsame Ereignisfolge aus:

- 23. Juli: Österreich-Ungarns Ultimatum an Serbien,
- 26. Juli: Zur Rückweisung der serbischen Antwort,
- 28. Juli: Kriegserklärung Österreichs an Serbien,
- 29. Juli: Beschießung Belgrads und Aufmarsch erster russischer Truppen an den Grenzen zu Österreich,
- 30. Juli: Allgemeine Mobilmachung in Rußland,
- 31. Juli: Österreichs volle Mobilmachung.

Alarmierungs- und Aufmarschplane setzten die Generalstäbe und Regierungen unter Druck, um dem Gegner keinen Vorsprung zu lassen.
Am Samstag, dem 1. August, war mittags das deutsche Ultimatum an Rußland abgelaufen. Um 17.00 Uhr verkündete der Kaiser die Mobilmachung. Die Menge vor dem Schloßtor in Berlin stimmte den Choral an »Nun danket alle Gott«.
Kurz vorher hatte auch Frankreich mit der Mobilmachung begonnen. Damit stand Deutschland vor einem Zweifrontenkrieg.
Der Chef des deutschen Generalstabes, Generalfeldmarschall Graf von Schlieffen, hatte bereits 1905 seinen Kriegsplanungen eine solche Situation zugrunde gelegt. Generaloberst Graf von Moltke, sein Nachfolger, hielt insgesamt an diesem Plan fest, veränderte ihn aber im Ansatz der Kräfte.
Die Entscheidung sollte im Westen fallen, während im Osten umfangreiche russische Kräfte gebunden werden sollten, um der Armee Österreich-Ungarns die Möglichkeit zur Vorbereitung einer Offensive zu geben.
Für die Verteidigung des deutschen Ostens war die 8. Armee unter dem Oberbefehlshaber Generaloberst von Prittwitz und Gaffron bestimmt. Deren schwierige Aufgabe war zum einen die Sicherung Ostpreußens gegen einen russischen Einfall sowie zum anderen die Unterstützung der von Österreich beabsichtigten Offensive.

In der sogenannten Aufmarschanweisung des Großen Generalstabes für die Truppen des Generaloberst von Prittwitz hieß es dazu zusammengefaßt: »Inwieweit eine Offensivbewegung durchgeführt werden kann, muß die Gesamtlage ergeben… Übereinstimmendes Handeln mit dem österreichischen Heer ist in jedem Fall vom Oberbefehlshaber der 8. Armee auch hinsichtlich seiner Hauptkräfte anzustreben… Setzt Rußland besonders starke Kräfte gegen die 8. Armee ein, so würde dies für die Gesamtlage nicht unvorteilhaft sein. Im äußersten Notfall muß Preußen östlich der Weichsel aufgegeben werden, bis die Armee durch Heranführen weiterer Kräfte verstärkt werden kann.«

Generalfeldmarschall von Schlieffen hatte auch bereits vorausgesehen, daß die Kette der Masurischen Seen den gegnerischen Anmarsch in zwei exzentrische Richtungen teilen würde. Um den Hinderniswert der Seen zu verstärken, waren alle Durchlässe durch Befestigungen gesperrt. Diese Trennung würde dem deutschen Oberbefehlshaber die Chance geben, auf der inneren Linie zu operieren. Er konnte deshalb zunächst die russische Streitkraft angreifen, die zuerst in Reichweite kam, um sich danach gegen die zweite Armee zu wenden.
15 Jahre lang hatte von Schlieffen diese Lösung bei Kriegsspielen, Generalstabsreisen, operativen Studien und Planungen gelehrt. In der Schlacht von Tannenberg 1914 sollte sie eine glänzende Bestätigung erfahren.

Militärische Führer

Es erscheint angemessen, den militärischen Führern der Tannenberg-Schlacht von 1914 einen eigenen Abschnitt zu widmen; denn im Rahmen der Beurteilung der Lage und der Entschlußfassung spielen nicht allein feindliche und eigene Truppen, sondern auch die Persönlichkeiten ihrer Führer eine bedeutende Rolle. Die jeweilige Beschreibung der wichtigsten militärischen Stationen der einzelnen Karrieren, Funktionen und Aufgaben im Krieg und in der Nachkriegszeit erhebt keinen Anspruch auf Vollständigkeit. Eine umfangreichere Darstellung, die allen Facetten einer Persönlichkeit gerecht würde, ist allein aus Platzgründen hier nicht möglich. Im Literaturverzeichnis (Kapitel X) werden weiterführende Hinweise gegeben, die es ermöglichen, sich ein noch tiefergehendes Bild der handelnden Personen zu machen. Den Schwerpunkt in der Beschreibung legen wir insbesondere auf die Generale von Hindenburg und Ludendorff.

General Jakow Schilinski

1914 stand an der Grenze Ostpreußens der deutschen 8. Armee die russische **Nordwestfront** mit zwei Armeen gegenüber.
Oberbefehlshaber dieser Nordwestfront war **General der Kavallerie Jakow Schilinski** (andere bekannte Schreibweisen sind: Shilinskij, Jilinski). Er wurde, unabhängig von seinen militärischen Befähigungen, in der zeitgenössischen Literatur als steif, zurückhaltend, jeden von oben herab behandelnd und trocken wie ein alter Bürokrat geschildert. General Schilinski lähmte jedwede Eigeninitiative, auch die seiner Generale, und machte so manchen spontanen Gedanken zunichte. Dies brachte ihm bei seinen Soldaten den wenig schmeichelhaften Spitznamen »der lebende Leichnam« ein (angelehnt an den gleichnamigen zeitgenössischen Roman von Tolstoi).
In seinem Hauptquartier in Bialystok erhielt General Schilinski fast durchweg Informationen, die mindestens 24 Stunden alt waren. Da die beiden ihm unterstellten Armeen, die 1. (Njemen-) und die 2. (Narew-) Armee unter Führung der Generale von Rennenkampf und Samsonow, untereinander keinen Funkkontakt hatten, gehörte das Koordinieren ihrer Bewegungen an sich zu Schilinskis wichtigsten Aufgaben. Bis zuletzt ist es ihm jedoch nicht gelungen, Einklang in die Operationen seiner beiden Armeen zu bringen.

Die **1. (Njemen-)Armee** führte **General der Kavallerie Pawel Karlowitsch von Rennenkampf**, der am 17. April 1854 geboren worden war. Er beendete 1873 die Ausbildung an der Infanterieschule und absolvierte 1882 erfolgreich seine Generalstabsausbildung. Er soll ein gleichermaßen fähiger wie prahlerischer Führer gewesen sein, der 1900, als Kommandeur einer Kavalleriebrigade, an der Niederschlagung des Boxeraufstandes in China teilnahm. Während des Russisch-Japanischen Krieges (1904–1905) hat er sich als Kommandeur einer Kavalleriedivision einen Namen gemacht.

General
Pawel
Karlowitsch von
Rennenkampf

Ab 1913 war er Kommandeur des Militärbezirkes Wilna, der unmittelbar an Ostpreußen grenzte. Die Truppen dieses Militärbezirkes bildeten den Kern der von ihm geführten Njemen-Armee, die über fünf Korps und fünf Kavallerie-Divisionen verfügte.

Ähnlich gegliedert war die **2. (Narew-)Armee**. Sie kommandierte **General der Kavallerie Alexandr Wassiljewitsch Samsonow**, der am 2. November 1859 geboren worden war. 1877 beendete er seine Ausbildung an der Kavallerieschule, und im Jahr 1884 verließ er nach erfolgreicher Ausbildung die Akademie des Generalstabes. Samsonow führte, wie auch von Rennenkampf, im Russisch-Japanischen Krieg eine Kavalleriedivision. Aus der Zeit soll ein gespanntes Verhältnis beider Generale stammen, weil Samsonow angeblich seinen Kommandeurkameraden von Rennenkampf in einem Gefecht in der Mandschurei im Stich ließ. 1905 sollen die deshalb beiderseitig bestehenden Animositäten auf dem

General Alexandr Wassiljewitsch Samsonow

Bahnhof Mukden sogar zu einer Schlägerei der beiden Generale geführt haben. Seitdem ging man sich tunlichst aus dem Wege.
General Samsonow wurde 1906 Stabschef im Militärbezirk Warschau und ab 1909 Generalgouverneur des Militärbezirkes Turkestan. Dort war er, fernab von Truppenführungsaufgaben, größtenteils mit Verwaltungsangelegenheiten beschäftigt. Erst Anfang August 1914 erhielt er den Auftrag, das Kommando über die Narew-Armee zu übernehmen. Die Schlacht bei Tannenberg sollte für General Samsonow schicksalhaft werden. In der Tradition römischer Feldherrn und mittelalterlicher Ritter beging er nach der vernichtenden Niederlage seiner Armee am 30. August 1914 Selbstmord.
1916 wurden seine sterblichen Überreste nach Rußland überführt. An der Stelle, wo er gefallen ist, wurde eine kleine Steinpyramide mit Inschrift errichtet, die an ihn erinnern soll (siehe hierzu Kapitel V: »Gedenkstein für General Samsonow«, Seiten 104–105).

Oberbefehlshaber der **8. (deutschen) Armee** war der 1848 geborene **Generaloberst Max von Prittwitz und Gaffron**, der in dieser, für die deutsche Seite so erfolgreich verlaufenden Schlacht, zur tragischen Figur werden sollte. Im Großen Hauptquartier war nach den Gefechten bei Gumbinnen der Eindruck entstanden, von Prittwitz wolle Ost- und Westpreußen ohne weiteren Schwertstreich räumen und ein weiteres Vordringen der russischen Streitkräfte erst hinter der Weichsel stoppen. Dieser Eindruck entstand vermutlich aufgrund von Kommunikationsproblemen. Die in der Literatur umfangreich beschriebenen anderen Gründe, die zur Ablösung des Generalobersten von Prittwitz geführt

haben könnten, werden sowohl von unmittelbar Beteiligten als auch Außenstehenden unterschiedlich bewertet. Hier ist es nicht möglich, eine allen Seiten gerecht werdende Beurteilung abzugeben. So soll an dieser Stelle allein die eigene Meinung des Armee-Oberbefehlshabers (und in Kapitel III: »Überlegungen im Großen Hauptquartier«) die Situation aus Sicht der höchsten militärischen Führung dargestellt werden.
Generaloberst von Prittwitz wollte erst nach Ende des Ersten Weltkrieges öffentlich gegen die aus seiner Sicht falsche Darstellung der Vorgänge in der Schlacht bei Tannenberg Stellung nehmen. Sein Tod im Jahr 1917 hat dies verhindert. Es liegt jedoch eine Abschrift des Operationsbefehles vom 21. August 1914 vor, über den er an Seine Majestät den Kaiser schrieb: »... Nach der Schlacht bei Gumbinnen erhielt ich die Meldung von stark überlegenen russischen Kräften – es waren tatsächlich 5 Armeekorps aus Mlawa (Narew-Armee). Ich wurde vor die schwere Entscheidung gestellt, ob ich den aussichtsvollen Kampf gegen die Njemen-Armee fortsetzen solle, oder ob ich nach dem rechten Flügel der Armee abmarschieren solle, um mit dem neu gemeldeten Feinde abzurechnen. ... Ich entschied mich für den Abmarsch der Armee nach dem rechten Flügel unter Festhaltung der Masurischen Seen-Defileen.«
Diese Gedanken des Generalobersten von Prittwitz trafen jedoch erst einen Tag später, am 22. August 1914, beim Großen Hauptquartier ein – wenige Stunden nach seiner Entbindung vom Kommando über die 8. Armee.
Es muß also festgehalten werden, daß der Entschluß zur erfolgreichen Verteidigung Ostpreußens, der später durch die Generale von Hindenburg und Ludendorff eisern umgesetzt wurde, auch dem Gedankengut des Generalobersten von Prittwitz entstammte und daß unter seinem Kommando die einleitenden Maßnahmen getroffen worden waren.

Der am 2. Oktober 1847 in Posen geborene spätere **Generalfeldmarschall Paul von Beneckendorff und von Hindenburg** hatte eine eindrucksvolle und erfolgreiche Karriere als Generalstabsoffizier und Truppenführer hinter sich. Als junger Leutnant nahm er an der Schlacht von Königgrätz teil und wurde im selben Jahr – nun bereits Hauptmann – für den Orden Pour le mérite vorgeschlagen, ohne ihn allerdings zu erhalten. Seine Generalstabsausbildung absolvierte er glänzend, die Beurteilungen waren ausgezeichnet und sogar noch besser als die seiner späteren rechten Hand, General Ludendorff.
In allen Verwendungen zeichnete er sich aus. Generalfeldmarschall von Schlieffen hatte ihn sogar zu seinem Nachfolger als Generalstabschef vorgeschlagen. Dies soll General von Hindenburg mit dem Hinweis ab-

General-
feldmarschall
Paul von
Beneckendorff
und
von Hindenburg

gelehnt haben, er wolle kein Höfling sein. Aus seinem persönlichen Selbstverständnis heraus begriff er sich als Truppenführer. So führte er als Kommandeur in insgesamt vierzehn Jahren ein Regiment, eine Division und ein Armeekorps. 1911, inzwischen 63 Jahre alt, schied er, von der breiten Öffentlichkeit in Deutschland völlig unbemerkt, als Kommandierender General des IV. Armeekorps aus dem aktiven Dienst aus. Seinen Abschied kommentierte er wie folgt: »Krieg stand nicht in Aussicht, und so erkannte ich es für eine Pflicht an, jüngeren Kräften den Weg nach vorwärts freizumachen.«

Als man Ende August 1914 im Großen Hauptquartier zu der Auffassung gelangt war, daß Generaloberst von Prittwitz und Gaffron der Lage nicht mehr gewachsen sei, trug man General von Hindenburg das Kommando über die 8. Armee an. In der Literatur wird über diese Berufung gerätselt. Die vermutlich zutreffendste Interpretation liefert der Bericht des Chefs des Militärkabinetts, General von Lyncker. Demnach stand General von Hindenburg im Jahr 1913 nicht einmal auf der Liste der wiederzuverwendenden Generale. Er sei körperlich und geistig zu schwerfällig geworden. Man habe ihn nur deshalb reaktiviert, weil der Große Generalstab sicher sein wollte, daß er die Vorschläge General Ludendorffs als Chef des Stabes der 8. Armee auch befolgen würde. Hindenburg habe gewußt, daß er im Falle von Meinungsverschiedenheiten verwarnt oder abberufen worden wäre. Er verkörperte aber außerdem etwas, was sein Chef des Stabes nie ausstrahlte: Gelassenheit, Gottvertrauen, menschliche Zuwendung, Wärme sowie die suggestive Kraft, in Krisen Vertrauen zu schaffen und Ordnung im Chaos zu halten.

Nach den großen Erfolgen an der Ostfront wurde von Hindenburg im August 1916 als Generalstabschef des Feldheeres und General Ludendorff als 1. Generalquartiermeister eingesetzt. Sie übernahmen somit die strategische Planung und Leitung des Krieges. Gemeinsam bildeten sie die 3. Oberste Heeresleitung.

Die folgenden Zitate zeigen das Verhältnis der beiden Generale. Diese Beurteilungen ihrer Zusammenarbeit durch General Ludendorff stammt aus der Zeit nach dem Ersten Weltkrieg, als er sich bereits mit Generalfeldmarschall von Hindenburg zerstritten hatte, ihn zuweilen grobschlächtig angriff und nur als »Herrn von Hindenburg« bezeichnete: »Vier Jahre haben wir in tiefster Harmonie wie ein Mann zusammengearbeitet, der Generalfeldmarschall und ich. … Ich habe ihn hochverehrt und ihm treu gedient, seinen vornehmen Sinn ebenso geschätzt wie seine Königsliebe.«

»… Unser beider strategische und taktische Anschauungen deckten sich vollständig, ein harmonisches und vertrauensvolles Miteinanderarbeiten ergab sich daraus von selbst. Ich trug dem Generalfeldmarschall, nach Rücksprache mit meinen Mitarbeitern, kurz und knapp meine Gedanken für die Anlage und Leitung aller Operationen vor und machte einen ganz bestimmten Vorschlag. Ich hatte die Genugtuung, daß der Generalfeldmarschall stets – von Tannenberg bis zu meinem Abgang im Oktober 1918 – mit meinem Denken übereinstimmte und meine Befehlsentwürfe billigte.«

Auch in den Tagen der sich abzeichnenden Niederlage habe er – Ludendorff – einen festen inneren Halt an der Ruhe und dem unerschütterlichen Gottvertrauen des Feldmarschalls gehabt. Ohne ihn, an dem er sich innerlich aufgerichtet habe, wäre er über diese schwere Zeit nicht hinweggekommen.

Nach Kriegsende zog sich von Hindenburg wieder in den Ruhestand

zurück. Seine Meinung zum Kriegsausgang wurde u.a. in seiner Aussage vor dem Untersuchungsausschuß der Weimarer Nationalversammlung am 18. November 1919 deutlich. Dort brachte er zum Ausdruck, daß das »Deutsche Heer« im Felde unbesiegt geblieben und durch die Novemberrevolution in der Heimat von hinten erdolcht worden sei. Damit wurde er zu einem der prominentesten Vorreiter der sogenannten Dolchstoßlegende.
Wie ungebrochen seine Popularität war, zeigte das Ergebnis der Reichspräsidentenwahl von 1925, als von Hindenburg, nach dem Tod Friedrich Eberts, mit 48 % der Stimmen neues Staatsoberhaupt wurde. 1932 gelang seine Wiederwahl gegen Adolf Hitler. Obwohl er sich lange sträubte, hat er diesen dann letztendlich, am 30. Januar 1933, doch in die Regierungsverantwortung berufen. Nach dem Reichstagsbrand im Februar 1933 erließ er die Verordnung des Reichspräsidenten zum Schutz von Volk und Staat, mit der die in der damaligen Verfassung garantierten bürgerlichen Grundrechte außer Kraft gesetzt wurden. Somit gab er der Regierung Hitler freie Bahn für die Beseitigung der Weimarer Republik.
Am 2. August 1934, fast genau zwanzig Jahre nach seinem Sieg bei Tannenberg, verstarb Generalfeldmarschall von Hindenburg auf seinem ostpreußischen Gut Neudeck. Auf das Tannenberg-Ehrenmal und die für ihn dort errichtete Gruft wird im Kapitel V: »Routenvorschläge – Reichsehrenmal Tannenberg«, Seiten 96–101, detailliert eingegangen.

Generalmajor Erich Ludendorff wurde am 9. April 1865 geboren. In der deutschen Militärgeschichte gilt er gemeinhin als »persona non grata«, woran er selbst nicht ganz unschuldig war. In der allgemeinen historischen Forschung ist er umstritten, und zwar vor allem aufgrund

- seiner starken Einflußnahme auf die Außen-, Innen- und Wirtschaftspolitik des Kaiserreiches in der Endphase des Ersten Weltkrieges,
- seines Zusammengehens mit Hitler in den Anfangsjahren der Weimarer Republik sowie
- seines Versuchs, zusammen mit seiner Frau Mathilde Ludendorff eine neue nationalistische, intolerante Weltanschauung zu begründen.

Aber auch als Mensch, Soldat und Heerführer trifft General Ludendorff gemeinhin die Kritik: Im Gegensatz zum väterlichen Generalfeldmarschall von Hindenburg gilt er als rücksichtsloser, kaltblütiger und ehrgeiziger Militärtechnokrat und Schlachtenlenker. Aber wie immer man auch zur Person dieses großen deutschen Operateurs stehen mag, so muß doch eingeräumt werden, daß der anfängliche Sympathisant der NSDAP sich später nicht nur von ihr abkehrte, sondern sich vielmehr bis zu seinem Tode am 20. Dezember 1937 zu einem konsequenten und kompromißlosen Gegner Hitlers entwickelte, der diesen vor einer Politik warnte, die zu einem Weltkrieg und einer totalen Niederlage für das Deutsche Reich führen werde. Selbst im Tode ließ er sich nicht vereinnahmen: Entgegen Hitlers Wunsch, ihn auf dem Berliner Invalidenfriedhof zu beerdigen, fand das nicht zu verhindernde Staatsbegräbnis im oberbayrischen Tutzing statt. Die preußische Flagge und nicht die Hakenkreuzfahne des Dritten Reiches schmückte den Sarg.

Generalmajor Erich Ludendorff

Wie von Hindenburg war auch Ludendorff prinzipiell ein wilhelminischer, preußischer Offizier. Aber in einem Punkte brach er mit diesem Ethos: Er war auch ein sehr politischer Offizier, einer, der sich einer offenen Parteinahme nicht schämte.
Sie war es, die schließlich auch zum Zerwürfnis mit Generalfeldmarschall von Hindenburg führte, als beide, wie ein Mann, am 25. Oktober 1918 in hitziger Atmosphäre beim Kaiser ihre Entlassung forderten: Der Kaiser entließ daraufhin General Ludendorff, forderte aber vom Chef des Generalstabes die Treue ein, die die von Beneckendorffs und von Hindenburgs ihrem »Herrn aller Lehen«, dem preußischen König, geschuldet hatten. Generalfeldmarschall von Hindenburg blieb daraufhin im Amt, was ihm General Ludendorff stets als Inkonsequenz vorwarf. Schließlich sprach er nur noch voller Häme über seinen obersten militärischen Vorgesetzten. Dieser hat allerdings niemals darauf reagiert. Er hat immer voller Hochachtung von seiner rechten Hand gesprochen.
An der Front nahm man den Abschied teilweise bestürzt zur Kenntnis. Ein Frontkämpfer schrieb in die Heimat: »Ludendorff ist weg, der

Größte unter den Heerführern, der Mann von eiserner Energie ist einfach von seinem Posten abgelöst worden. Und Kaiser Wilhelm wird ihm folgen müssen. Für uns Frontkämpfer sind dies die beiden schrecklichsten Ereignisse, die überhaupt nur geschehen konnten. Ludendorff war unser Idol und der Kaiser unser Oberster Kriegsherr.«

Zu Beginn des Ersten Weltkrieges war der 1865 als Sproß einer unbekannten, völlig mittellosen Familie geborene Ludendorff einer der jüngsten von etwa 475 Generalen im deutschen Heer. Ähnlich wie General von Hindenburg galt er als ein hervorragender Generalstabsoffizier und war ausgezeichnet beurteilt. Als maßgeblicher Bearbeiter des Schlieffen-Planes sowie als Chef der Aufmarschabteilung von 1908 bis 1912 zeigte er seine Brillanz. Innerhalb von 10 Jahren schaffte er den Sprung vom Major zum Generalmajor, auch für die damalige Zeit ein Qualitätsnachweis. Im Gegensatz zu General von Hindenburg verfügte er jedoch über sehr geringe Truppenführererfahrung: Ganze eineinhalb Jahre diente er als Regiments- und Brigadekommandeur.

Im August 1914 hatte Ludendorff die Aufgabe des Oberquartiermeisters der 2. Armee. Beim Sturm auf Lüttich verdiente er sich durch seine Tapferkeit den Nimbus des Helden, indem er sich die führerlose Brigade 14 kurzerhand unterstellte und im Handstreich die Zitadelle nahm. Für sein Husarenstück erhielt er, nachdem ihm in Koblenz das Kommando als Chef des Stabes der 8. Armee in Ostpreußen übertragen worden war, vom Kaiser persönlich, als 2. deutscher Soldat des Ersten Weltkrieges, den Pour le mérite, die höchste Kriegsauszeichnung des Reiches. So dekoriert, machte sich der Held von Lüttich auf den Weg nach Ostpreußen, um mit General von Hindenburg ein Schlachtenlenkerpaar zu werden, das bis zum Ende des Krieges an maßgeblicher Stelle die deutschen Geschicke bestimmen sollte.

General Max Hoffmann wurde am 25. Januar 1869 in Homberg/Efze geboren und trat 1887 in das 4. Thüringische Infanterieregiment Nr. 72 in Torgau ein. Von 1895 bis 1898 studierte er an der Königlich-Preußischen Kriegsschule in Neisse.

Im Herbst 1898 begann er eine halbjährige Studienreise nach Rußland und lernte dort neben der Sprache auch die Menschen sowie ihre Kultur und Denkweise kennen. Nach seiner Rückkehr diente er im Großen Generalstab in der »russischen Abteilung«. Zu Beginn des Russisch-Japanischen Krieges (1904–1905) wurde er als militärischer Berichterstatter der 1. japanischen Armee zugeordnet. Anschließend leistete er u. a. im Großen Generalstab und als Lehrer an der Kriegsakademie Dienst. Bei Ausbruch des Ersten Weltkrieges war er Bataillonskom-

mandeur im 4. Badischen Infanterieregiment Nr. 112 in Mülhausen im Elsaß.
Aufgrund der Mobilmachung erfolgte jedoch bereits am 3. August 1914 Hoffmanns Versetzung als erster Generalstabsoffizier zum Stab des Oberkommandos der 8. Armee. Im weiteren Verlauf des Krieges stieg er 1916 zum Chef des Generalstabes beim Oberbefehlshaber Ost auf und wurde am 29. Oktober 1917 zum Generalmajor befördert. Außerdem zeichnete man ihn mit dem Orden Pour le mérite aus.
Am Ende des Jahres 1917 nahm er an den Friedensverhandlungen im Osten teil, die am 3. März 1918 zum Frieden von Brest-Litowsk führten.

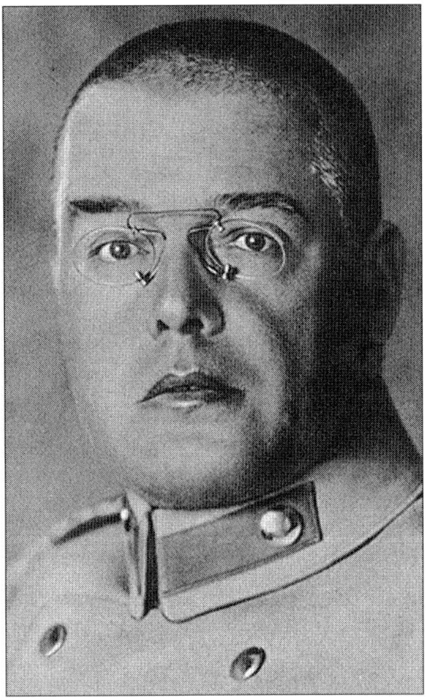
General Max Hoffmann

Nach dem Ersten Weltkrieg verfaßte Max Hoffmann seine Kriegserinnerungen. Dazu gehörte auch das Buch »Tannenberg, wie es wirklich war«. Am 8. Juli 1927 starb der Generalmajor in Berchtesgaden.

Darstellung und Verlauf

Absicht und Ziele

In den militärischen Überlegungen zu Ende des letzten Jahrhunderts ging man – wie erwähnt – auf deutscher Seite davon aus, daß bei einer kriegerischen Auseinandersetzung in Europa für Deutschland ein Zweifrontenkrieg unvermeidbar sei. Generalfeldmarschall Alfred Graf von Schlieffen, Chef des Generalstabes der Armee, war deshalb der Auffassung, daß man zuerst den einen Gegner mit allen zur Verfügung stehenden Kräften schlagen müsse, um sich dann ohne Verzug der zweiten Entscheidungsschlacht auf dem anderen Kriegsschauplatz zuzuwenden, falls sich der dortige Gegner, nach der Niederlage seines Verbündeten, überhaupt noch einem Kampf stellen würde. Von Schlieffen sah in Frankreich den gefährlicheren Feind und plante den ersten großen Waffengang daher im Westen. Frankreich sollte in einer ca. acht

Wochen dauernden Einkreisungsschlacht geschlagen werden, um sich dann mit allen Kräften den Russen im Osten entgegenzustellen. In einer Denkschrift vom 20. Dezember 1905 schrieb Schlieffen, daß man den Gegner im Westen nur dadurch schlagen könne, indem man einen Flankenangriff bis hin nach Belgien ansetze, um die Franzosen dann im Rücken zu fassen. Einer der Männer, der zu diesem Zeitpunkt ebenfalls im Generalstab des Feldheeres arbeitete, war der damals noch ziemlich unbekannte Major Ludendorff.

Nachfolger von Generalfeldmarschall Graf von Schlieffen wurde im Jahr 1906 Generaloberst Helmuth Graf von Moltke (der Jüngere), der Neffe des 1891 verstorbenen Generalfeldmarschalls Helmuth Karl Bernhard Graf von Moltke. Er hielt zwar grundsätzlich an den vorhandenen Plänen seines Vorgängers fest, veränderte aber dessen Kräfteansatz u.a. dahingehend, daß von vornherein eine ganze deutsche Armee an der Ostfront vorgesehen war. Damit sollte zum einen Ostpreußen nicht ohne Schutz gelassen werden, und zum anderen konnten so möglichst viele russische Kräfte gebunden werden, um dem Verbündeten Österreich-Ungarn die Möglichkeit zu einer Offensive zu geben, bei der er nicht gegen einen allzu starken Gegner kämpfen mußte.

Zu Kriegsbeginn marschierten so im Westen sieben deutsche Armeen mit zusammen ca. 1,6 Millionen Soldaten auf. Im Osten sollte die 8. Armee die Sicherung übernehmen, da die dort vorhandenen Kräfte nicht ausreichend erschienen, um die gesamten Grenzen Ostpreußens verteidigen zu können.
In diesem Zusammenhang sind die Ereignisse vom 1. August 1914 sehr interessant: Nachdem die Mobilmachung durch den deutschen Kaiser für den nächsten Tag angeordnet worden war, ging eine Meldung des deutschen Botschafters aus London ein, die besagte, daß England Frankreich von einer Beteiligung am Krieg abhalten werde, wenn Deutschland sich verpflichte, keine Aggression gegen Frankreich zu unternehmen. Der Kaiser, im Glauben, daß damit ein Zweifrontenkrieg abgewendet sei, erklärte, »also, wir marschieren einfach mit der ganzen Armee nach Osten auf«.

Generaloberst Graf von Moltke konnte den Kaiser nur mit Mühe davon überzeugen, daß man ein Millionenheer nicht binnen Stunden im Eisenbahntransport zu einem neuen Ziel verlegen könne, daß der Aufmarsch im Westen minuziös seit langem geplant und ein Aufmarsch im großen Stil für den ostwärtigen Kriegsschauplatz seit Jahren nicht mehr

vorgesehen sei. Außerdem seien Truppenverlegungen noch keine aggressive Handlung und bedeuteten keinesfalls einen automatischen Angriff. Der Aufmarsch lief daher wie geplant ab; später stellte sich heraus, daß die Depesche aus London nicht zutreffend gewesen war.
Frankreich und Rußland rechneten damit, daß Deutschland seine Hauptkräfte im Westen einsetzen würde. Daher wurde in den Überlegungen der beiden Verbündeten Rußland die Aufgabe zugewiesen, die im Osten stehenden deutschen Truppen zu vernichten. Auf Frankreichs Wunsch hin sollte Österreich nur abgeriegelt und an einer Störung des russischen Aufmarsches gehindert werden.

Die Russen setzten insgesamt sechs Armeen an ihrer Westfront an. Drei Armeen, die unter Führung der Südwestfront zusammengefaßt wurden, sollten gegen die Österreicher kämpfen. Die Nordwestfront sollte mit zwei Armeen konzentrisch Ostpreußen angreifen. Eine Armee wurde im Raum Warschau versammelt und dort bereitgehalten.
Absicht der Nordwestfront, die die Njemen- und Narew-Armee als übergeordnete Kommandobehörde führte, war es, mit der Njemen-Armee im Norden und der Narew-Armee im Süden die deutschen Kräfte anzugreifen. Dazu sollte vorgestaffelt die Njemen-Armee zwei Tage vor der Narew-Armee die Grenze überschreiten und aus dem Marsch heraus angreifen. Mit der Narew-Armee wollte General Schilinski den Stoß in den Rücken der Deutschen führen und die im Kampf mit der Njemen-Armee gebundenen Kräfte, links umfassend, von der Weichsel abschneiden.

Kräfteverhältnis

Der deutschen 8. Armee stand also in Ostpreußen die russische Nordwestfront gegenüber. Generaloberst von Prittwitz verfügte über 4 Korps, die insgesamt aus 13 Infanteriedivisionen (6 aktiven Infanteriedivisionen, 3 Reserveinfanteriedivisionen, die bei Kriegsbeginn mobil gemacht wurden, 2,5 Divisionen, die aus Festungstruppen gebildet wurden, und 1,5 Divisionen Landwehrtruppen) sowie einer 1 Kavalleriedivision bestanden.

Die russische Nordwestfront führte zwei Armeen mit 9 Korps, die 19 aktive Infanteriedivisionen, 2 Reserveinfanteriedivisionen (bei Kriegsbeginn mobil gemacht) und 10 Kavalleriedivisionen umfaßten.

Im Sinne eines Kräftevergleichs ergab sich damit für die Gefechte im Osten Deutschlands insgesamt folgendes Bild:

RUSSLAND	DEUTSCHLAND	VERHÄLTNIS
485.000 Mann	173.000 Mann	2,8 : 1
1.620 Geschütze	782 Geschütze	2,1 : 1
21 Infanteriedivisionen	13 Infanteriedivisionen	1,6 : 1
10 Kavalleriedivisionen	1 Kavalleriedivision	10 : 1

Angesichts dieser Situation an der Grenze Ostpreußens zu Rußland wird erkennbar, daß die dortige Verteidigung für den Oberbefehlshaber der 8. Armee eine sehr fordernde Aufgabe war. Die anhaltende deutliche russische Überlegenheit kam auch dadurch zustande, daß weitere 5 Ersatzdivisionen der 8. deutschen Armee, die ab dem 12. August verfügbar gewesen wären, entgegen der ursprünglichen Planung nunmehr an die Westfront beordert worden waren.

Der Aufmarsch der 8. deutschen Armee war am 10. August beendet worden und die Truppenteile in Ostpreußen wie folgt disloziert:
- I. Armeekorps bei Gumbinnen,
- I. Reservekorps bei Nordenburg,
- XVII. Armeekorps bei Deutsch Eylau,
- XX. Armeekorps bei Allenstein,
- 1. Kavalleriedivision ostwärts Gumbinnen.

Zu diesem Zeitpunkt war die Landwehrdivision Goltz noch zum Grenzschutz in Nordschleswig eingesetzt; sie konnte erst im Verlauf der Schlacht bei Tannenberg nach Ostpreußen verlegt werden.

Führer der deutschen Verbände

8. Armee

Oberbefehlshaber	General (ab 29.8. Generaloberst) von Beneckendorff und von Hindenburg (bis 22.8.1914 Generaloberst von Prittwitz und Gaffron)
Chef des Generalstabes	Generalmajor Ludendorff (bis 22.8.1914 Generalmajor Graf von Waldersee)
Oberquartiermeister	Generalmajor Grünert
1. Generalstabsoffizier	Oberstleutnant Hoffmann
Feldeisenbahnchef Ost	Major Kersten
I. Armeekorps	General der Infanterie von François
1. Infanteriedivision	Generalleutnant von Conta

2. Infanteriedivision	Generalleutnant von Falk
I. Reservekorps	Generalleutnant von Below
1. Reservedivision	Generalleutnant von Förster
36. Reservedivision	Generalleutnant Kruge
35. Reservedivision (Hauptreserve Thorn)	Generalleutnant von Schmettau
Landwehrdivision Goltz	Generalleutnant Freiherr von der Goltz
XVII. Armeekorps	General der Kavallerie von Mackensen
35. Infanteriedivision	Generalleutnant Hennig
36. Infanteriedivision	Generalleutnant von Heineccius
XX. Armeekorps	General der Artillerie von Scholtz
37. Infanteriedivision	Generalleutnant von Staabs
41. Infanteriedivision	Generalmajor Sontag
3. Reservedivision	Generalleutnant von Morgen
Landwehrdivision Unger	Generalmajor von Unger
1. Kavalleriedivision	Generalleutnant Brecht

Führer der russischen Verbände

Nordwestfront	
Oberbefehlshaber	General der Kavallerie Schilinski
Chef des Generalstabes	Generalleutnant Mileant
1. (Njemen-)Armee	General der Kavallerie von Rennenkampf
II. Armeekorps	General Scheidemann
III. Armeekorps	General Jepantschin
IV. Armeekorps	General Aliew
XX. Armeekorps	General Smirnow
2. (Narew-)Armee	General der Kavallerie Samsonow
I. Armeekorps	General Artamonow (ab 28. August 1914 General Duschkewitsch)
VI. Armeekorps	General Blagowjeschtschenskij
XIII. Armeekorps	Generalleutnant Klujew
XV. Armeekorps	General Martos
XXIII. Armeekorps	General Kondratowitsch

Eisenbahntransportwesen

Der Aufmarsch im Osten, der zunächst nur eine Bereitstellung der 8. Armee in breiter Grenzschutzaufstellung vorsah, stellte an die Leistungsfähigkeit der Eisenbahnen keine besonderen Anforderungen. Nur der über die Weichsel führende nördlichste Übergang bei Dirschau wurde stärker beansprucht, täglich wurden hier 110 Züge eingesetzt. Am 10. August 1914 war die Bereitstellung der 8. Armee weitestgehend abgeschlossen.

Am 11. August 1914 entschloß sich das Oberkommando der 8. Armee, seine Kräfte in Ostpreußen zu vereinigen, und gab dazu am selben Tag den Befehl zur Verlegung der 3. Reservedivision aus dem Bereich Hohensalza nach Lötzen. Bei den noch in der folgenden Nacht begonnenen Transporten wurden die kämpfenden Einheiten (die insgesamt 35 Eisenbahnzüge benötigten) mit 30 Zügen per Tag sowie die Trains (Versorgungstruppe; 16 Züge) mit 10 Zügen per Tag über Bromberg – Graudenz – Deutsch Eylau – Korschen nach Lötzen und Stürlack befördert. Am 13. August waren die Kampftruppen und am darauffolgenden Tag die Kolonnen vollzählig am neuen Einsatzort eingetroffen.

Nachdem das Armeeoberkommando 8 am 20. August 1914 den Abbruch der Schlacht bei Gumbinnen und den Rückzug hinter die Weichsel beschlossen hatte, kam aufgrund der operativen Lage und der Beschaffenheit des Schienennetzes nur der Transport des I. Armeekorps sowie der 3. Reservedivision und der 6. Landwehrbrigade per Eisenbahn in Frage. Das auf dem linken Flügel eingesetzte I. Armeekorps konnte über Königsberg nach Marienburg verlegt werden, die auf dem rechten Flügel befindliche 3. Reservedivision sowie die 6. Landwehrbrigade über Korschen in Richtung Allenstein. Der Transport des I. Armeekorps auf der Strecke Königsberg – Marienburg verlief allerdings nicht störungsfrei. Dies lag vor allem daran, daß nach dem Abbruch der Schlacht bei Gumbinnen ein großer Flüchtlingsstrom nach Westen drängte und viele Menschen versuchten, mit der Eisenbahn nach Westen zu entkommen. Dieser Situation trug das Armeeoberkommando 8 dadurch Rechnung, daß das I. Armeekorps den Auftrag erhielt, zu beiden Seiten des Pregels in Richtung Königsberg zu marschieren und dort ab dem 24. August mit der Verladung zu beginnen. Bereitstehende Züge auf der Strecke Wehlau – Königsberg sollten auch zur Verladung auf freier Strecke genutzt werden. Die Sicherung des Abmarsches des I. Armeekorps wurde der Hauptreserve Königsberg übertragen.

Am 22. August 1914 verließen die ersten Züge die Bahnhöfe. In den Morgenstunden des 23. August mußte jedoch das Einladen in Inster-

burg wegen des nachdrängenden Feindes eingestellt werden. Am Nachmittag des 23. August konnte dann in Norkitten, Wehlau und Königsberg verladen werden.
Nachdem man sich im Armeeoberkommando 8 dazu entschlossen hatte, nicht hinter die Weichsel zurückzugehen, sondern sich mit fast allen verfügbaren Kräften der Narew-Armee entgegenzustellen, wurden für das Oberkommando des I. Armeekorps und die 1. Infanteriedivision der Ausladebahnhof Deutsch Eylau, für die 2. Infanteriedivision die Ausladebahnhöfe Bischofswerder und Freystadt befohlen. Die Trains und Kolonnen sollten in Riesenburg und Rosenburg entladen werden.
Die aufgrund der großen Flüchtlingsbewegungen verursachten Verzögerungen beim Bereitstellen der Leerzüge, Verladen sowie Transport der Truppen führten dazu, daß die geplante Tagesleistung von 60 Zügen nicht annähernd erreicht werden konnte. Auf Befehl des Generals von Hindenburg, der ja am 23. August das Oberkommando über die 8. Armee übernommen hatte, wurde der Transport des I. Armeekorps beschleunigt. Dazu wurden die Eisenbahnstrecken von allen sonstigen Transporten freigemacht, der Gegenrichtungsverkehr auf eingleisigen Strecken eingestellt und die Fahrtgeschwindigkeit auf 40 Stundenkilometer erhöht. Somit konnten viele Verspätungen wieder eingeholt werden. Ein Problem ließ sich dadurch jedoch nicht lösen: Da ein Großteil der Truppen des I. Armeekorps aus der Bewegung heraus verladen wurde und die Einladebahnhöfe mehrfach verlegt worden waren, kamen die Truppen nicht in der gewünschten Reihenfolge am neuen Ort an. In den ersten Zügen befanden sich viele Kolonnen und Trains, während die Kavallerie und Artillerie erst viel später, zum Teil am Ende der gesamten Eisenbahntransporte, folgten. Um die rasche Zusammenführung des I. Armeekorps noch zu beschleunigen, wurden daher, beginnend ab dem 25. August, die Truppen in Montowo und in Teilen auch auf freier Strecke bei Tautschken entladen. Dazu wurden die Transporte teilweise bis auf sechs Kilometer an die russischen Truppen herangefahren.
Auch die schnelle Heranführung der Landwehrdivision Goltz, noch im Grenzschutz in Nordschleswig eingesetzt, war nur mit Hilfe der Eisenbahn möglich. Nachdem die Oberste Heeresleitung die Division am 24. August der 8. Armee unterstellt hatte, wurde die Division bereits am 25. August auf 26 Züge verladen und nach Ostpreußen transportiert. Die ersten Teile trafen am 27. August in Osterode ein. Wie schon beim I. Armeekorps, wurden auch die Züge der Landwehrdivision Goltz sehr dicht am Feind entladen.
Die schnelle Umgruppierung der 8. Armee mit Hilfe der Eisenbahn

schuf, zusammen mit den im Fußmarsch verlegten Truppenteilen, eine wichtige Voraussetzung dafür, daß die Schlacht bei Tannenberg für die deutsche Seite erfolgreich geschlagen werden konnte.

Fernmeldeaufklärung

Zu den Grundprinzipien bei der Planung und Durchführung von militärischen Einsätzen gehört die möglichst frühzeitige und detaillierte Kenntnis der Absichten und des Aufenthalts gegnerischer Kräfte. Bis zum 19. Jahrhundert sind dazu überwiegend Menschen eingesetzt worden, die in Form von Spionage bzw. Aufklärung der Streitkräfte Informationen sammelten und der politischen sowie militärischen Führung zur Verfügung stellten. Nachteile dieser Art von Nachrichtengewinnung waren zum einen die hohe Gefährdung des Personals, da es auf dem durch den Feind kontrollierten Gebiet tätig sein mußte, und zum anderen, daß die Übermittlung der gewonnenen Erkenntnisse oftmals lange dauerte und deshalb die Aktualität fehlte. Dies änderte sich Mitte des 19. Jahrhunderts durch die Einführung elektromagnetischer Übertragungsmittel. Sehr rasch wurde die Möglichkeit genutzt, mit Geräten wie Morsetelegraph oder Telefon Informationen zu übermitteln.
Die Erfassung und Auswertung elektromagnetischer Wellen bedeutete mithin nicht nur eine weitere Möglichkeit, Kenntnisse über den Gegner

Aufgebaute, aber ungetarnte leichte Feldfunkstation. Diese wurde vierspännig gefahren.

zu sammeln, sondern auch die Chance, dies aus größerer Entfernung und ohne direkte Gefährdung von Menschen zu tun. Die Geburtsstunde der Funktelegrafie markierte daher gleichzeitig den Beginn von Funkhorchdiensten, also das, was heute als Fernmelde- und elektronische Aufklärung bezeichnet wird.
Österreich-Ungarn und Frankreich waren die Länder, die besonders frühzeitig den Wert der neuen Aufklärungsmittel erkannt hatten. So wurde bereits 1908, im Zuge der Annexion von Bosnien und der Herzegowina durch Österreich, der gesamte italienische Funkverkehr abgehört und kryptoanalytisch ausgewertet. In ähnlicher Weise traf dies auf den Krieg zwischen Italien und der Türkei zu. Durch den Horchdienst wurden über mehrere hundert Kilometer Entfernung Funksprüche erfaßt.
Deutschland dagegen verfügte bis zum Beginn des Ersten Weltkriegs über keine Organisation zur planmäßigen Überwachung diplomatischer und militärischer Funkverkehre. Trotzdem wurde die Schlacht bei Tannenberg 1914 die erste der Geschichte, in der die Auswertung des feindlichen Funkverkehrs eine entscheidende Rolle spielte!
Bereits 1899 hatte man die Telegrafietruppe zur selbständigen Truppengattung ernannt. Sie beschränkte sich zunächst auf das Mithören von Funkverkehren durch Radiogroßstationen, den sogenannten Festungsgroßfunkstellen, im Festungsgürtel Ost. Deren Aufgabe für einen Krieg sah vor, den Empfang des Gegners durch eigenes Senden zu stören. Davon sah man im Verlaufe der Kampfhandlungen ab, weil man sehr bald die höhere Bedeutung der Informationsgewinnung aus den gegnerischen Funksprüchen gegenüber der Beeinträchtigung der feindlichen Führungsfähigkeit erkannte.

Im August 1914 standen dem Stab des Armeeoberkommandos 8 folgende Einrichtungen zur Verfügung:

die Großfunkstellen in

- Königsberg,
- Thorn,
- Graudenz und
- Posen

sowie als bewegliche Kräfte

- 2 schwere Funkstellen der 8. Armee bzw.
- 1 schwere und 2 leichte Funkstellen der 1. Kavalleriedivision.

Dies bedeutete auch, daß Funkverkehr nur zwischen der Armeeführung und der Kavalleriedivision (einschließlich deren Verbindung zu ihren Aufklärungseskadrons) möglich war, nicht jedoch zur Korpsebene.

Das Hauptproblem war allerdings die Übermittlung der durch den Funkhorchdienst gewonnenen Erkenntnisse, da sich das Fernmeldenetz der Reichspost in schlechtem Zustand befand und das Hauptquartier in Marienburg keine eigene Nachrichteneinheit besaß.
Im russischen Heer hatten vor bzw. zu Beginn des Krieges alle Armeekorps, die in den Grenzgebieten standen, Funkstationen erhalten. Die Kavalleriedivisionen verfügten über leichte Funkstationen. Mit der Ausbildung des Nachrichtenpersonals begann man erst sehr spät. Dies machte sich in einer verhängnisvoll schlechten Funkdisziplin bemerkbar. So konnte die Großfunkstelle Königsberg bereits am 8. August 1914 durch Auswertung des russischen Funkverkehrs der 8. Armee die Gliederung des Gegners vorlegen.
Im Verlaufe der Schlacht von Tannenberg sollte es General von Hindenburg dann später durch Nutzung der Funkaufklärung möglich sein, das Vorgehen der Njemen-Armee zu überwachen und die Masse der Kräfte zur Vernichtung der Narew-Armee anzusetzen.
Wie detailliert er dabei über die geplanten russischen Absichten informiert war, belegen folgende Meldungen:

- 24. August 1914, abends, Funkspruch der Njemen-Armee: »Gegner im Rückzug auf Königsberg. Aufklärung auf Insterburg – Allenburg vortreiben. Armee geht vor auf die Linie Wehlau – Gerdauen. XX. Korps bleibt rechts des Pregel. Aufklärung bis nördlich Reichenhof; Tilsiter Seite beobachten und Raum Lötzen – Darkehmen – Bartenstein. Rückzug des Gegners verlegen. Zurückgehen auf Königsberg und Verbleib feststellen. Eisenbahn Labiau – Königsberg zerstören. Feindkräfte an der Deime feststellen. Verbindung über Armeefernsprechstelle Insterburg.«
- 25. August 1914, morgens, ebenfalls von der Njemen-Armee: »Armee setzt Angriff fort und erreicht:
  - am 25. Linie Wirbeln – Saalau – Norkitten – Petauren – Nordenburg,
  - am 26. Linie Damerau – Petersdorf – Wehlau – Allenburg – Gerdauen.

  Grenze zwischen:
  - XX. und III. Korps: Pregel,
  - III. und IV. Korps: Straße Schwirbeln – Klein-Potauern – Allenburg (Straße zum III. Korps);
  - 2. Kavallerie-Division geht in Richtung Allenburg vor die Front der Armee und in den Abschnitt zwischen Pregel und Linie Darkehmen – Gerdauen – Bartenstein, nördlich davon 2. Garde-Kavallerie-Division, südlich 1. Kavallerie-Division. Übergang über Pregel ist Aufgabe des XX. Korps.«

Nach der Schlacht von Tannenberg sprach der russische General Danilow von einer »unverzeihlichen Nachlässigkeit« im russischen Funkdienst. Der »unvollkommene Nachrichtenverbindungsdienst« mit der offenen, d. h. unverschlüsselten, Durchgabe von Nachrichten war seiner Meinung nach der Hauptgrund für den katastrophalen Ausgang der Schlacht.
Daß das neuartige Übertragungsmittel Funk nicht nur bei den Gerätebedienern, sondern auch bei der Führung der russischen Armeen in seiner Bedeutung unterschätzt wurde, beweist der Kommentar des Generals Noskoff zu dem im Klartext gefunkten Angriffsbefehl vom 25. August:
»Man sah in der 8. deutschen Armee einen Gegner, der nach mißglücktem Kampf schleunigst hinter die Weichsel zu entkommen versuchte. Es würde keine allzu große Gefahr bedeuten, wenn der ›Fliehende‹ etwas mehr über den Gegner wissen werde, als ihm sonst gebührte.«
In der deutschen Heeresleitung zog man – nicht zuletzt aus den Erkenntnissen der Schlacht bei Tannenberg 1914 – entsprechende Folgerungen: Bereits im Jahre 1915 wurden Empfangsstellen für das Abhören des ausländischen Militärfunkverkehrs bei den Heeresgruppen aufgestellt. Von da an war eine systematische Überwachung des feindlichen Funkverkehrs möglich.
Beim Oberkommando des russischen Heeres führte die Schlacht von Tannenberg zur Anordnung, daß Befehle nur voll verschlüsselt gefunkt werden durften. Der österreichische Entzifferungsdienst löste aber bereits am 19. September 1914 die Zifferngeheimschrift, so daß auch dann das Mitlesen der russischen Funksprüche keine Schwierigkeit darstellte.

Gefechte bei Gumbinnen

Für die Verteidigung des deutschen Ostens war – wie bereits angemerkt – im Jahre 1914 die 8. Armee bestimmt. In der für sie bereitgehaltenen Aufmarschanweisung hieß es unter anderem: »Der Oberbefehlshaber hat die Operationen im Osten nach eigenem Ermessen zu leiten.«

Als sich Generaloberst von Prittwitz vor Kriegsausbruch in Berlin näher über seinen Auftrag informierte, wies von Moltke unter anderem darauf hin, »daß die 8. Armee sich nicht von der Weichsel abdrängen lassen dürfe. Wenn die Lösung der Aufgabe östlich der Weichsel nicht mehr möglich sei, dann gelte es, wenigstens die Armee zu erhalten«.
Generaloberst von Moltke rechnete allerdings nicht mit dem Eintreten

BEKANNTMACHUNG

ALLEN EINWOHNERN OST. PREUSSENS.

Gestern d. 4—17 August überschritt das Kaiserliche Russische Heer die Grenze Preussens und mit dem Deutschen Heere kämpfend, setzst es seinen Vormarsch fort.

Der Wille des Kaisers aller Reussen ist die friedlichen Einwohner zu schonen.

Laut der mir Allerhöchst anvertrauten Vollmächten mache Ich folgendes bekannt:

1. Jeder, von Seiten der Einwohner dem Kaiserlichen Russischen Heere geleistete Wiederstand, wird schonungslos und ohne Unterschied des Geschlechtes und des Alters bestraft werden.

2. Orte, in denen auch der kleinste Anschlag auf das Russische Heer verübt wird oder, in denen den Verfühungen desselben Wiederstand geleistet wird, werden sofort niedergebrannt.

3. Falls die Einwohner Ost-Preussens sich keine feindlichen Handlungen zu Schulden kommen lassen, so wird auch der kleinste dem Russischen Heere erwiesene Dienst reichlich bezahlt und belohnt werden; die Ortschaften werden verschont und das Eigenthumsrecht wird gewahrt bleiben.

Gezeichnet: von Rennenkampf.

General Adjutant Seiner Kaiserlichen Majestät,
General der Kavallerie.

Die erste Bekanntmachung Rennenkampfs. — Aus der Sammlung Winkel, Königsberg

Bekanntmachung des Generals von Rennenkampf

eines derartigen Notfalles. Vielmehr erwartete er nach der beim Großen Generalstab vorhandenen Kenntnis vom russischen Heer, daß die eigenen Kräfte bei geschickter Führung auch einer gegnerischen Übermacht für längere Zeit gewachsen sein würden – vorausgesetzt, sie ließen sich nicht in die Verteidigung drängen, sondern griffen an. In diesem Sinne ließ er an den General Graf Waldersee auch noch am

14. August schreiben: »Wenn die Russen kommen, nur keine Defensive, sondern Offensive, Offensive, Offensive.«
Da zu Beginn der Kampfhandlungen im Osten die Njemen-Armee schneller voran kam, wandte sich Generaloberst von Prittwitz zunächst gegen sie, um dann später der Narew-Armee in einer weiteren Offensive Paroli zu bieten. Diese sollte bis dahin durch das XX. Armeekorps verzögert werden.
Das I. Armeekorps war zum Grenzschutz eingesetzt; sein Auftrag bestand darin, den Aufmarsch der 8. Armee zu decken.
Tatsächlich entwickelte sich die Lage aber wie folgt: »Das Oberkommando der 8. Armee erfuhr zwar am 14. August, daß Zusammenstöße von Truppen des I. Armeekorps mit den Russen östlich der Linie Goldap – Gumbinnen stattgefunden hatten, sah aber keinen Grund, sich näher über die Stellung des Korps zu unterrichten. Es glaubte an die Kraft seiner Befehle, obwohl General von François mitunter eigenmächtig handelte. Erst am 17. August erfuhr General von Prittwitz aus Berichten der Etappe über Munitionsanforderungen des I. Armeekorps zum Ersatz für die bei einer Unternehmung vom 15. August verbrauchten Munition, daß General von François nicht nur mit Vortruppen, sondern mit einem großen Teil seines Korps, entgegen den ausdrücklichen Befehlen der Armee, den zugewiesenen Aufmarschraum verlassen hatte.«

Am 17. August morgens befand sich der Kommandierende General des I. Armeekorps, von François, in der Frontlinie bei Stallupönen, als der russische Angriff begann.
Drei russische Divisionen griffen die 1. Infanteriedivision des Generals von Conta an.
Obwohl in beiden Flanken umfaßt, hielten die Ostpreußen in zäher Abwehr stand, gingen sogar zu erfolgreichen Gegenstößen über und stießen mit der 2. Infanteriedivision des Generals von Falk den Russen in die Flanke. An dieser ostpreußischen Phalanx zerbrachen die russischen Angriffskräfte.
General von François bestieg gegen 11:30 Uhr den Kirchturm von Stallupönen, da er der Auffassung war, von hier einen besseren Überblick zu haben.

Gegen 14:00 Uhr erschien Major von Massow, 1. Generalstabsoffizier des I. Korps, auf dem Kirchturm und meldete sich bei General von François.
Von Massow: »Oberbefehlshaber befiehlt, den Kampf sofort abzubrechen und Rückzug auf Gumbinnen anzutreten!«

Von François: »Das ist unmöglich, wir stehen mitten im Kampf!«
Von Massow: »Falls Gefecht im Gange ist, soll es sofort abgebrochen werden!«
Von François: »Das ist unmöglich! Im Augenblick kann ich den Befehl nicht ausführen. Die ganze 1. Infanteriedivision steht bereits im Kampf!«
Von Massow: »Das Korps soll auf jeden Fall in den Raum von Gumbinnen zurückgenommen werden!«
Von François: »Melden Sie dem General von Prittwitz, daß General von François den Kampf abbrechen werde, wenn die Russen geschlagen sind.«

Erst am Abend des 17. August entschloß sich General von François, in der Nacht zum 18. August mit dem I. Korps auf Gumbinnen zurückzugehen.
Nach russischen Quellen ließen die eigenen Divisionen 6.600 Mann tot oder gefangen auf dem Gefechtsfeld von Stallupönen zurück.

Nach dem Gefecht bei Stallupönen trat General Rennenkampf den Vormarsch an und nahm am 19. August bei Gumbinnen wieder Fühlung mit dem Gegner auf.
Die Absicht des Generals von Prittwitz bestand nun darin, die Kräfte General Rennenkampfs im Raum Gumbinnen mit insgesamt drei Korps durch frontalen Angriff zu binden und durch beidseitige Umfassung rasch zu schlagen.
Das Kräfteverhältnis hierfür erschien günstig. Am 20. August 1914 begann der Angriff der deutschen 8. Armee.
Die Umfassung im Norden (I. Korps) traf frontal auf den Feind. General von François entschloß sich daher, mit der 1. Infanteriedivision zu verteidigen und mit der 2. Infanteriedivision weiter nach Norden auszuholen, um dem Feind in die tiefe rechte Flanke zu stoßen. Die russische 28. Division wurde dadurch völlig überrascht und flutete ostwärts zurück. 8.000 Gefangene fielen in deutsche Hände. Nördlich des XX. russischen Korps stießen allerdings drei russische Kavalleriedivisionen gegen die Inster vor und bedrohten nun ihrerseits die linke Flanke der 2. Infanteriedivision. Doch diese Gefahr wurde durch den Einsatz der 1. Kavalleriedivision des Generals von Brecht abgewendet, der mit seiner Division durch den Pilkallener Forst heraneilte. Er überraschte die Russen vollkommen, brachte sie mit seiner Artillerie zum Stehen und zwang sie zum Ausweichen nach Osten.
Das im Süden eingesetzte I. Reservekorps des Generals von Below hatte, von Angerburg antretend, nach einem anstrengenden Nachtmarsch

den Raum um Königsfelde erreicht, als es überraschend von russischen Kräften angegriffen wurde. General von Below verteidigte zeitlich begrenzt, wartete das Eintreffen der 3. Reservedivision des Generals von Morgen ab und stieß mit ihr scharf in der linken Flanke der Russen. Die Lage war hier so günstig, daß am 21. August mit einem Erfolg wie auf dem Nordflügel gerechnet werden konnte.

Im Drang nach rascher Entscheidung ging das in der Mitte eingesetzte XVII. Armeekorps des Generals von Mackensen aus dem Aufmarsch heraus, ohne ausreichende Vorbereitung, zum Angriff über. Vor allem fehlte es hier an Artillerie. Daher wurde es von den Russen unter schweren Verlusten abgeschlagen und wich mit Teilen aus.

Der Rückschlag beim Korps Mackensen blieb für die taktische Gesamtlage aber ohne Bedeutung; denn der Druck der deutschen Truppen auf den Flügeln, von Norden und Süden her, hinderte die Russen daran, ihren Erfolg in der Mitte des Schlachtfeldes auszunutzen.

Die Lage für die Njemen-Armee war am Abend des 20. August so ungünstig, daß der Stab des Generals von Rennenkampf seinem Kommandeur zum Rückzug riet, um eine überwältigende Niederlage zu vermeiden:

- Das Kavalleriekorps im Norden war durch die Kämpfe am 19. und 20. August so mitgenommen, daß es sich an weiteren Gefechten nicht mehr beteiligen konnte.
- Das XX. russische Korps war schwer angeschlagen, seine 28. Infanteriedivision in voller Auflösung (Verluste über 7.000 Mann, Reserven hinter der Front fehlten).
- In der Mitte hatte das III. russische Korps schwere Verluste erlitten (eine Division war auf der Flucht nach Osten).
- Auf dem Südflügel bei Goldap war ebenfalls eine Division mit Masse auf der Flucht.

Der Oberbefehlshaber der 8. Armee, Generaloberst von Prittwitz, fühlte sich aber, trotz der Erfolge auf den Flügeln, durch den Mißerfolg beim Korps Mackensen stark beunruhigt, und in seine tiefe Nervenanspannung hinein platzte die Nachricht, daß die russische Narew-Armee auf dem Vormarsch zur Südgrenze Ostpreußens sei. Flieger hatten den Vormarsch langer Kolonnen von Warschau auf Neidenburg und Mlawa erkannt. Ebenso wurde ein russischer Funkspruch mitgehört, aus dem der Kräfteansatz der Narew-Armee hervorging. Es handelte sich hier um 2 bis 3 Armeekorps mit etwa 8 Divisionen. Einem Angriff dieser Kräfte würde das XX. Armeekorps allein nicht standhalten können.

Generaloberst von Prittwitz kam in Übereinstimmung mit seinem Chef des Generalstabes, General Graf Waldersee, deshalb zu der Überzeugung, daß durch die massive Bedrohung seiner Südflanke die Voraussetzungen für einen weiteren Angriff gegen die Njemen-Armee nicht mehr gegeben sei. Da er die Auflage bekommen hatte, die 8. Armee unter allen Umständen zu erhalten, ordnete er den Rückzug hinter die Weichsel an. Sein Oberquartiermeister und der 1. Generalstabsoffizier versuchten vergeblich, ihn davon zu überzeugen, die Schlacht im Norden durchzukämpfen, um sich dann, mit einem Sieg im Rücken, der Narew-Armee zuzuwenden.

Der Entschluß des Generaloberst von Prittwitz am Abend des 20. August 1914 lautete somit:

8. Armee

- bricht Schlacht bei Gumbinnen ab,
- weicht beschleunigt nach Westen hinter die Weichsel aus,
- verteidigt unter Nutzung des Gewässerhindernisses gegen die beiden russischen Armeen.
- XX. Armeekorps, 6. und 70. Landwehrbrigade und Festungstruppen schützen rechte Flanke gegen die Narew-Armee, verstärkt durch im Bahntransport verlegtes I. Armeekorps und 3. Reservedivision.
- XVII. Armeekorps, I. Reservekorps und 1. Kavalleriedivision weichen möglichst weit nördlich ausholend unverzüglich nach Westen hinter die Weichsel aus und wehren dabei nachstoßende Kräfte der Njemen-Armee ab.

Überlegungen im Großen Hauptquartier

Im Großen Hauptquartier in Koblenz war man in den Morgenstunden des 20. August über die Lageentwicklung bei Gumbinnen erleichtert gewesen. Der vorgeplante Schlag gegen die Armee Rennenkampfs schien zu gelingen. Außerdem wies an der Westfront alles auf einen Sieg in Lothringen hin: Der deutsche rechte Heeresflügel hatte bereits Brüssel genommen. Eine Meldung des Generaloberst von Prittwitz und Gaffron in den Abendstunden des 20. August sorgte jedoch für große Aufregung. Sie lautete: »Da starke Kräfte von Warschau – Pultusk – Lomscha im Vormarsch, kann ich die Lage vor meiner Front nicht ausnutzen und trete noch in der Nacht Rückmarsch nach Westen an. So viel als möglich Eisenbahntransport.«

Damit brachen alle Hoffnungen zusammen, die die bisherigen zuversichtlichen Nachrichten aus Gumbinnen erweckt hatten. Man sah, was

kommen mußte, wenn der gemeldete Entschluß durchgeführt würde: Die beiden russischen Armeen könnten sich in Ostpreußen vereinigen und die schwächeren deutschen Kräfte hinter die Weichsel zurückdrängen. Zur Verstärkung der 8. Armee fehlten Truppen. Sie wurden dringend im Westen gebraucht, da man ja hier die Entscheidung suchte.
In diese Stunden fiel auch ein Telefongespräch zwischen Generaloberst von Moltke und Generaloberst von Prittwitz. Von Moltke stellte dabei folgende Fragen: »Ist es möglich, den Kampf gegen die Njemen-Armee wiederaufzunehmen und erfolgreich zu beenden? Wenn dies ausgeschlossen erscheint, ist es dann möglich, unter dem Schutz der Masurischen Seen nach Süden zu marschieren, um dort den Ostflügel der Narew-Armee anzugreifen?«
Beide Fragen wurden durch von Prittwitz ohne Konsultation seines Stabes verneint. Er äußerte bei diesem Gespräch sogar Zweifel, ob er mit den geringen eigenen Kräften überhaupt an der Weichsel werde halten können, und beantragte daher weitere Truppen.
Im Armeeoberkommando 8 stellte sich die Lage nach Vorliegen erster Aufklärungsergebnisse mittlerweile aber gänzlich anders dar. Dadurch gelang es dem Oberquartiermeister, General Grünert, und dem ersten Generalstabsoffizier und Chef der Operationsabteilung, Oberstleutnant Hoffmann, ihren Oberbefehlshaber wenigstens davon zu überzeugen, daß durch einen Stoß gegen den linken Flügel der 2. russischen Armee, der 8. Armee Handlungs- und Bewegungsfreiheit verschafft werden könne.
Somit entschloß sich das AOK 8 noch am Abend des 20. August zu folgenden Maßnahmen:

- das I. Armeekorps per Eisenbahntransport über Königsberg und Dirschau nach Graudenz zu verlegen,
- die 3. Reservedivision offensiv auf dem rechten Flügel des XX. Armeekorps einzusetzen und
- das I. Reservekorps und XVII. Armeekorps im Fußmarsch zuerst hinter die Alle ausweichen und anschließend in breiter Front weiter nach Ostpreußen antreten lassen.

Dem Großen Hauptquartier wurde dieser neue Entschluß jedoch nicht gemeldet. Deshalb ging man dort von der ursprünglichen Absicht des Generaloberst von Prittwitz aus, beurteilte sie als abwegig und entschied sich für eine radikale Lösung.
Oberstleutnant Hoffmann schreibt dazu in seiner Betrachtung der Schlacht: »So kommt es, daß die Oberste Heeresleitung den Oberbefehlshaber und seinen Chef des Generalstabes abberuft, obwohl durch ihre Anordnungen am Abend des 20. August die Vorbereitungen für die

Schlacht bei Tannenberg geschaffen wurden und sie die einleitenden Befehle, ohne die die Schlacht nicht möglich gewesen wäre, gegeben haben.«

Der erste, der durch die Oberste Heeresleitung vom Kommandowechsel in Kenntnis gesetzt wurde, war der Feldeisenbahnchef Ost. Ihm wurde der Sonderzug avisiert, der den neuen Oberbefehlshaber und seinen Stabschef ankündigte. Erst eine Stunde später erfuhren Generaloberst von Prittwitz und Gaffron sowie General von Waldersee offiziell von ihrer Abberufung, als in einem Telegramm ihre Namen auf der Liste der zur Disposition gestellten Offiziere erschienen.

Berufung der Generale von Hindenburg und Ludendorff

General a. D. von Hindenburg hatte sich am 12. August 1914 schriftlich an den Generalquartiermeister von Stein gewandt: »Denken Sie meiner, wenn noch im Laufe der Dinge irgendwo ein höherer Führer gebraucht wird! Ich bin körperlich und geistig durchaus frisch. … Mit welchen Gefühlen ich jetzt meine Altersgenossen ins Feld ziehen sehe, während ich unverschuldet zu Hause sitzen muß, können Sie sich denken. Ich schäme mich, über die Straße zu gehen.«
Zehn Tage später erreichte ihn die so sehnsuchtsvoll erwartete telegrafische Weisung aus dem Großen Hauptquartier in Koblenz: »Für hohe Kommandostelle in Aussicht genommen. Bereithalten. Abholung durch Ludendorff.«
Hindenburgs kurze und knappe telegrafische Antwort lautete: »Bin bereit.«
Wohin die Reise gehen sollte, ahnte General von Hindenburg zu diesem Zeitpunkt allerdings noch nicht.

Durch einen Brief des Generaloberst von Moltke erfuhr General Ludendorff in Belgien von seiner neuen Verwendung: »Sie werden vor eine neue Aufgabe gestellt, vielleicht noch schwerer als die Erstürmung Lüttichs. … Ich weiß keinen anderen Mann, zu dem ich so unbedingtes Vertrauen hätte als wie zu Ihnen. Vielleicht retten Sie im Osten noch die Lage. Auch der Kaiser sieht mit Vertrauen auf Sie.«

Noch am selben Tag traf General Ludendorff um sechs Uhr abends in Koblenz ein. Er wurde durch Generaloberst von Moltke in die Lage im Osten eingewiesen und erfuhr, daß die 8. Armee im vollen Rückzug sei und die Absicht habe, das Gebiet ostwärts der Weichsel zu räumen. Mit dem weiteren Vormarsch der beiden russischen Armeen sei zu rechnen. Auf Ludendorffs Wunsch wurde u.a. folgendes an die Truppenteile der 8. Armee telegrafiert:

- Ausladung I. Armeekorps weiter ostwärts in Deutsch Eylau,
- Bereitstellung aller verfügbaren Kräfte der Festungen Thorn und Graudenz bei Strasburg und Gosslershausen,
- Anweisung an die Korps, unter gegenseitigem Einvernehmen, besonders auch mit XX. Armeekorps, nach eigener Beurteilung der Lage selbständig zu handeln.

Was genau anzuordnen sei, wollte General Ludendorff erst vor Ort festlegen. In seinen Kriegserinnerungen schrieb er hierzu: »Ohne neue Schlacht sollte der Russe nicht abkommen. Hierzu die Trennung der beiden feindlichen Armeen auszunutzen, lag allen Generalstabsoffizieren in Fleisch und Blut.«

Nach drei Stunden verließ Ludendorff Koblenz. Der Sonderzug erreichte gegen vier Uhr morgens Hannover, wo General von Hindenburg bereits am Bahnsteig wartete. Dies war das erste Zusammentreffen der beiden. Ludendorff wies von Hindenburg kurz in die Lage und die bereits getroffenen Maßnahmen ein.
Am frühen Nachmittag 23. August erreichten sie das Hauptquartier der 8. Armee in Marienburg. Seit der Benachrichtigung der beiden Generale waren erst 30 Stunden vergangen.
Aufgrund der Tatsache, daß Ludendorff von Koblenz aus direkt Befehle an die Armeekorps gegeben und dabei am Armeeoberkommando 8 vorbei gehandelt hatte, war die Stimmung beim Eintreffen der beiden Generale äußerst frostig.

Schlacht bei Tannenberg

Die Einweisung der Generale von Hindenburg und Ludendorff nach ihrem Eintreffen in Marienburg umfaßte vermutlich die folgenden Abschnitte:

Feindlage

Njemen-Armee des Generals von Rennenkampf mit 4 Korps (II., III., IV., XX. Korps) im Raum nördlich der Masurischen Seenplatte, hat nach der Schlacht von Gumbinnen die Fühlung mit uns verloren und stößt nur langsam nach. Dies geht auch aus aufgefangenen russischen Funksprüchen hervor. Die Kräfte beginnen mit dem Übersetzen über die Angerapp und sind noch ca. 40 Kilometer von unseren Linien entfernt.

Narew-Armee des Generals Samsonow mit 5 Korps (I., VI., XIII., XV., XXIII. Korps) nach Norden angreifend. Spitzen auf der Linie Ortelsburg – Lautenburg. VI. Korps auf dem rechten Flügel weit zurückhängend. Starke Kavalleriekräfte auf dem linken Flügel westlich Mlawa.
Die Gesamtabsicht des Feindes wird es vermutlich sein, mit der Armee Rennenkampf die hinter der Angerapp vermuteten deutschen Kräfte frontal anzugreifen und diesen mit der Armee Samsonow links umfassend in den Rücken zu fallen. Diese Auffassung wird durch die Ergebnisse unserer Funkaufklärung bestätigt und durch einen erbeuteten gegnerischen Operationsplan aus der Brieftasche eines gefallenen russischen Offiziers.

Gelände

Das Gelände ist eben und flach wellig. Besondere Geländepunkte sind die Masurischen Seen, die einen Angriff zweier Armeen von Ost nach West halbieren. Die Durchgänge zwischen den Seen wurden gesperrt.

Eigene Lage

8. Armee verteidigt im Südwesten von Ostpreußen mit:
- XX. Armeekorps in vorbereiteten Verteidigungsstellungen westlich Gilgenburg und nördlich Neidenburg.
- 3. Reservedivision hat den Eisenbahntransport von Korschen nach Allenstein abgeschlossen und befindet sich einsatzbereit hinter dem linken Flügel des XX. Armeekorps.
- I. Armeekorps im Eisenbahntransport von Norkitten nach Deutsch Eylau verlegt. Bisher erst Grenadierregiment 1 entladen und im Anmarsch auf Löbau. I. Armeekorps vermutlich ab 26. August am rechten Flügel des XX. Armeekorps verfügbar.
- I. Reservekorps, XVII. Armeekorps und 1. Kavallerie-Division stehen nach einem Ruhetag zwischen Insterburg und Gerdauen.
- 5. Landwehrbrigade marschiert aus Thorn in Richtung Strasburg.
- 6. Landwehrbrigade steht in Lötzen.
- Hauptreserve Königsberg deckt in der Gegend von Wehlau – Norkitten die Verladung des I. Armeekorps.
- Landwehrdivision von der Goltz wird aus Schleswig-Holstein herangeführt und vermutlich am Abend des 27. August in Deutsch Eylau verfügbar sein.

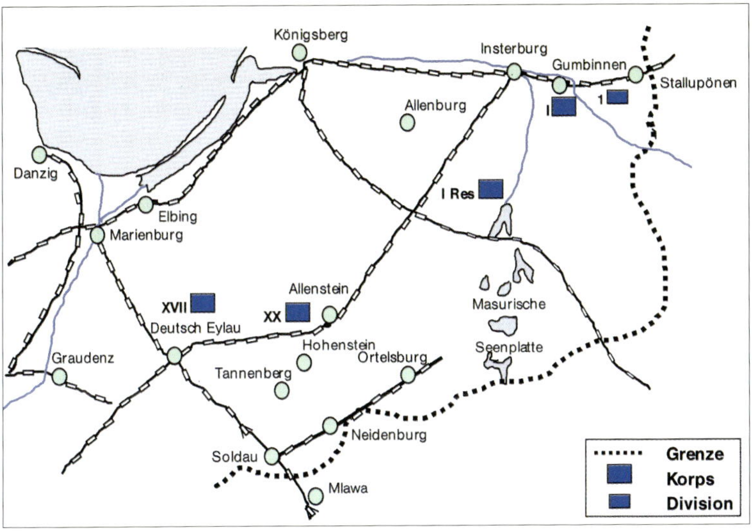

Aufmarsch am 10. August 1914

Lage am 23. August 1914

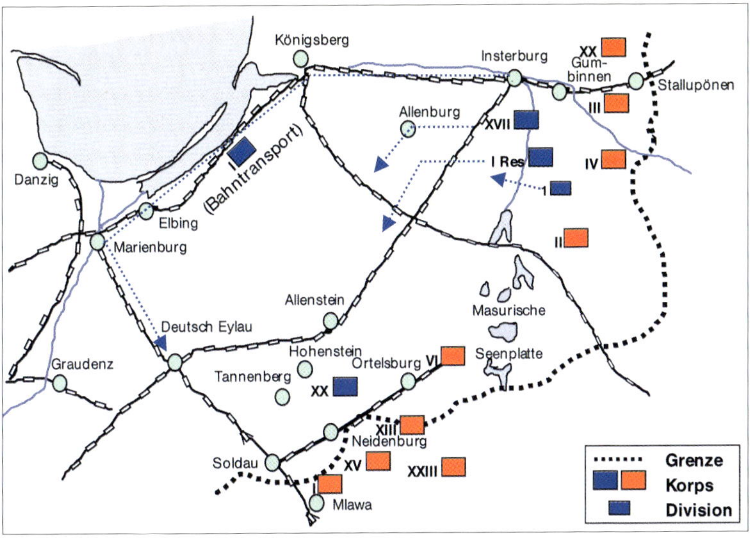

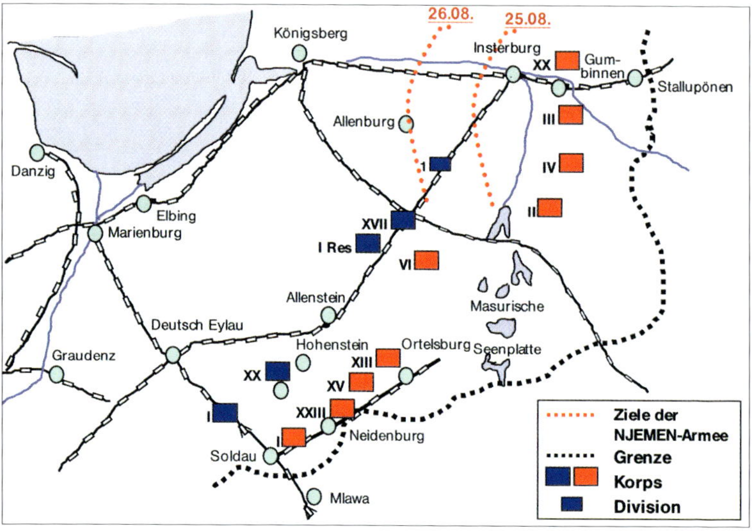

Lage am 25. August 1914

Lage am 27. August 1914

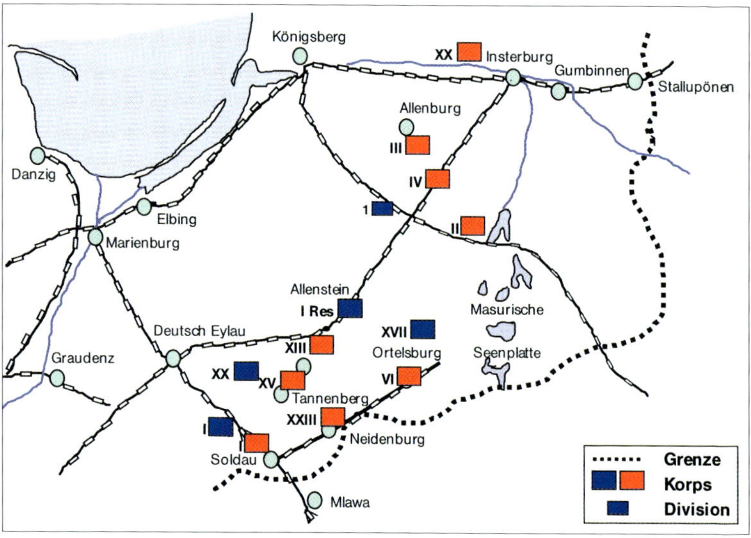

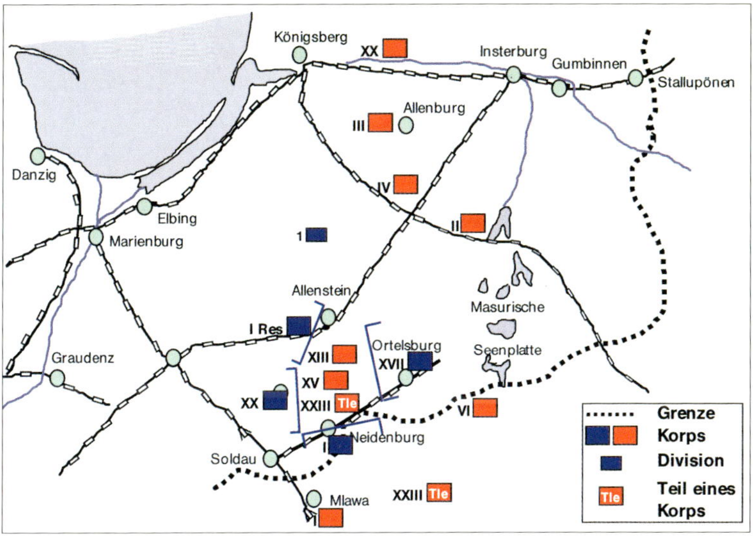

Lage am 29. August 1914

Gedenkstein General Samsonow

Zugang zum Reichsehrenmal

Reste der Mauern und des Ringwalls des Reichsehrenmals

Reichsehrenmal Tannenberg: Torbogen an der E 77

Soldatenfriedhof Waplitz

Soldatenfriedhof Skottau

Gedenkstein
bei Mühlen

Soldatenfriedhof Lahna

Soldatenfriedhof Oschekau

Soldatenfriedhof Orlau

Soldatenfriedhof Orlau

General Ludendorff fühlte sich durch diesen Lagevortrag in seiner bereits in Koblenz erstellten Beurteilung bestätigt. Es wurde folgende Entscheidung gefällt:

**Entschluß Oberkommando 8. Armee
am 23. August 1914**

8. Armee vernichtet Narew-Armee
- verzögert hierzu mit den der Narew-Armee gegenüberliegenden Kräften, verstärkt durch alle schnell verfügbaren Sicherungskräfte,
- greift Narew-Armee mit der Masse der 8. Armee in beiden Flanken, Schwerpunkt rechts, an,
- vernichtet sie,
- löst hierzu beide der Njemen-Armee gegenüberstehenden Korps vom Feind,
- täuscht mit 1. Kavallerie-Division starke deutsche Kräfte vor und verzögert das Vorgehen der Njemen-Armee.

Noch am 23. August gab General von Hindenburg in einem Tagesbefehl den Truppen die Übernahme des Oberbefehls über die 8. Armee bekannt: »Seine Majestät der Kaiser und König haben mir die Führung der 8. Armee zu übertragen geruht, und ich habe mit dem heutigen Tag das Kommando übernommen. Wir wollen zueinander Vertrauen fassen und gemeinsam unsere Schuldigkeit tun.«

**Idee der Operation
(General von Hindenburg)**

Das XX. Armeekorps sollte der starke Fels sein, an dem sich die feindliche Flut brechen würde; dann mußte das I. Armeekorps von Westen her in die Flanke stoßen und die russischen Truppen längs der Grenze von ihren rückwärtigen Verbindungen abschneiden. Aus nordöstlicher Richtung sollten dann das I. Reservekorps und das XVII. Armeekorps mit eingreifen.

**Idee der Operation
(Generale von Rennenkampf und Samsonow)**

Demgegenüber standen die Überlegungen auf russischer Seite. Nachdem die Deutschen das Gefecht bei Gumbinnen abgebrochen hatten, ging man im Hauptquartier der russischen Nordwestfront davon aus, daß man die Gefechte bei Stallupönen und Gumbinnen gewonnen hatte. Für sie lag es auf der Hand, daß die Deutschen nun hinter die Weichsel bzw. mit Teilen zum Schutz der Festung Königsberg ausweichen würden.

General von Rennenkampf setzte seine 4 Korps deshalb wie folgt an:

- 2 Korps sollten die starke Festung Königsberg angreifen und das dort vermutete I. Armeekorps einschließen.
- Mit den verbleibenden Kräften wollte er den Deutschen folgen. Da es für ihn selbstverständlich war, daß die Deutschen für ihren Rückzug hinter die Weichsel die Eisenbahn benutzen würden, ließ er sich bei der Verfolgung Zeit, da seine Kräfte zu Fuß verlegen mußten.

General Samsonow ging davon aus, das XX. deutsche Armeekorps geworfen zu haben.

- Deshalb setzte er 2 seiner Armeekorps nach Norden an, um eine Verbindung zur Njemen-Armee herzustellen.
- Mit seinen drei weiteren Armeekorps drehte er gegen das XX. Armeekorps, um es endgültig hinter die Weichsel zu zwingen.

Verlauf der Schlacht

Die Operationsführung vom 23. bis 26. August

Für die Schlacht bei Tannenberg (8. deutsche Armee gegen die Narew-Armee) entstand folgendes Kräftebild:

RUSSLAND	DEUTSCHLAND*	VERHÄLTNIS
191.000 Mann	153.000 Mann	1,2 : 1
612 Geschütze	716 Geschütze	1 : 1,2
384 Maschinengewehre	296 Maschinengewehre	1,3 : 1

* Auf deutscher Seite waren die Verluste aus den Gefechten bei Gumbinnen noch nicht ersetzt worden.

Aus dieser Übersicht ist – im Vergleich zur Gesamtlage in Ostpreußen – ein für die Deutschen deutlich günstigeres und beinah ausgeglichenes Kräfteverhältnis zu entnehmen. Allerdings darf nicht vergessen werden, daß eine ständige Gefahr durch die Njemen-Armee drohte, welche die Lage dramatisch zu Ungunsten der 8. deutschen Armee hätte verändern können.
Am 24. August zeichnete sich allerdings beim Armeeoberkommando 8

ab, daß sich der Eisenbahntransport des I. Armeekorps verzögerte. Die Kampftruppen würden erst am 26. mittags voll verfügbar sein.
Beim XX. Armeekorps hatte die Narew-Armee am 23. August mit drei Korps angegriffen. Dort bestand die Gefahr einer Umfassung im Norden. Daher wurde der linke Flügel etwa 15 Kilometer zurückgenommen. Für eine Umfassung mußten die Russen nun noch weiter ausholen, was dem Armeeoberkommando 8 Zeit bringen würde.
Des weiteren wurde erkannt, daß das russische VI. Korps, von seiner Armee getrennt, über Ortelsburg weiter nach Norden marschierte. Damit konnte es die Flanke der beiden nach Süden marschierenden deutschen Armeekorps bedrohen. General von Hindenburg entschloß sich daher, mit dem XVII. Armeekorps und dem I. Reservekorps dieses Korps anzugreifen.
Das am linken Flügel der Narew-Armee vorgehende I. Korps hatte haltgemacht und war bei Usdau nach Westen eingeschwenkt. Dies bedeutete, daß der vorgesehene deutsche Angriff in die tiefe Flanke der Narew-Armee dieses Korps nicht flankierend, sondern frontal treffen würde. Dennoch blieb General von Hindenburg bei seiner Absicht, zumal die Stoßrichtung, bezogen auf die gesamte Narew-Armee, weiterhin flankierend war.
Am späten Abend des 24. August erging der Befehl für den 25. August: »XX. Armeekorps hält die derzeitigen Stellungen bis zum letzten Mann. XVII. Armeekorps und I. Reservekorps greifen nach dem Marsch in den Raum Ortelsburg das russische VI. Korps an.«

Das I. Armeekorps hatte am Morgen des 26. August mit den verfügbaren Truppenteilen zunächst Usdau anzugreifen und den Feind dort zu zerschlagen. Anschließend sollte Neidenburg genommen werden, um damit in den Rücken des russischen Zentrums zu gelangen und dort dessen rückwärtige Verbindungen zu unterbrechen.

Am 25. August wurden durch deutsche Funkstationen zwei Sprüche der russischen Oberbefehlshaber aufgenommen. Sie waren nicht verschlüsselt und beinhalteten die Tagesziele der beiden Armeen für den 25. bzw. 26. August.
Der entschlüsselte Funkspruch der Njemen-Armee lautete unter anderem: »Njemen-Armee setzt Angriff fort und erreicht am 25. August Linie Wirbeln – Saalau – Norkitten – Petauren – Nordenburg, am 26. August Linie Damerau – Petersdorf – Wehlau – Allenburg – Gerdauen.«

Die Njemen-Armee würde also nicht schnell genug nachstoßen, um den Angriff des XVII. Armeekorps und des I. Reservekorps zu verhin-

dern. Auch die Tagesziele waren jeweils so kurz gesteckt, daß es an diesen Tagen noch nicht zu einer Entscheidungsschlacht gegen sie kommen würde.
Abends meldeten Flieger, daß zahlreiche Militärzüge aus Richtung Warschau in engster Folge auf die Grenze zurollten. All dies bestärkte General von Hindenburg in seiner Absicht, am 26. August früh anzutreten und über Usdau – Neidenburg anzugreifen.
Das XVII. Armeekorps und I. Rcscrvckorps sollten weiter nach Süden vorgehen. Die Sicherung gegen die 4 Korps der Njemen-Armee wurde der 1. Kavalleriedivision alleine übertragen.

Der Angriff des I. Armeekorps auf Usdau

Am 25. August um 8:00 Uhr traf General von Hindenburg auf dem Gefechtsstand des Generalkommandos des I. Armeekorps ein. Er verdeutlichte dem Kommandierenden General von François die Bedeutung eines raschen Angriffs gegen die Flanke der Narew-Armee.
Zu diesem Zeitpunkt war jedoch erst etwa eine verminderte Division des I. Armeekorps entladen. Es war klar, daß bei einem Angriff am Morgen des 26. noch Kampftruppen, vor allem aber Artillerie, fehlen würden. General von François erhob ernste Einwände gegen den frühen Angriffsbeginn.
Auch nachdem der Oberbefehlshaber ihm die Gründe auseinandergelegt und seinen Befehl bekräftigt hatte, gab General von François die Hoffnung auf eine Verschiebung des Termins nicht auf. Er traf daher zunächst noch keine Anordnungen für die Bereitstellung. Kurz vor Mitternacht kam der schriftliche Befehl, der die bisherigen Anordnungen unterstrich.
Um Mitternacht fehlten dem I. Armeekorps immer noch etwa die Hälfte seiner Artillerie und ein beachtlicher Teil der Kampftruppen. General von François erteilte dennoch den Befehl für den Angriff. Dieser begann aufgrund der fehlenden Kräfte jedoch nicht zeitgerecht.
Um ca. 8:00 Uhr des 26. August überschritten erste Teile die Ablauflinie ohne wirksame Artillerieunterstützung. Dies war nach François' Beurteilung »eine tatsächliche Unbesonnenheit«. Deshalb hielt er den Angriff beider Divisionen noch einmal an.

General von Hindenburg war indessen über den langsamen Verlauf des Angriffs enttäuscht, sollte doch nach seinen Vorstellungen schon der Angriff gegen Usdau laufen. General von François meldete ihm, daß der Angriff – nach Einnahme der Mittagsverpflegung, Nachführung von Truppen und Munition – um 13:00 Uhr fortgesetzt werde.

Tatsächlich setzte er den Angriff erst kurz nach 14:00 Uhr fort. Die Divisionen kamen wegen des starken Widerstands lediglich bis etwa zwei Kilometer an Usdau heran. François beurteilte, daß ein Angriff auf Usdau über freies Feld auf die »mit allen Mitteln der Feldbefestigung ausgebaute Höhenlinie ohne Artillerievorbereitung ... ein taktischer Selbstmord...« gewesen wäre. Er entschloß sich, am nächsten Tag mit frischen Kräften, vollzähliger Artillerie und gefüllten Munitionswagen weiter anzugreifen. Die vordersten Truppen wurden für die Nacht auf die allgemeine Kampflinie zurückgenommen.
Die Verlegung des I. Armeekorps wurde von der russischen Führung nicht erkannt. Damit war ihr die tatsächliche Lage nicht bewußt, und sie konnte nicht mehr zeitgerecht reagieren.
Das Armeeoberkommando 8 hatte vom I. Armeekorps am 26. August insgesamt eine Angriffsleistung von etwa 40 Kilometer gefordert. Das verminderte I. Armeekorps hatte an diesem Tag das I. russische Korps, einen etwa 2 1/2-fach überlegenen Gegner, jedoch »nur« um etwa 10 Kilometer zurückgeworfen. General von François hatte zudem den Angriff bewußt um ca. 18 Stunden verzögert.
Das Armeeoberkommando 8 – vor allem der Chef des Stabes, General Ludendorff – war ob dieses Ungehorsams empört. Man wollte mit dem Angriff dem XX. Armeekorps möglichst rasch Entlastung bringen und die rückwärtigen Verbindungen der Narew-Armee unterbrechen. Man fürchtete aber, daß General von Rennenkampf im Norden plötzlich wieder beschleunigt vorgehen und der 8. Armee in den Rücken fallen könnte. Auch die von Süden anrückenden Truppen gefährdeten den Angriff des I. Armeekorps.
Im Gegensatz zu diesem operativen Gedanken entsprang General von François' Standpunkt der Beurteilung auf taktischer Ebene. Unterstützt wurde er auch durch den Kommandierenden General des XX. Armeekorps, General von Scholtz. Dieser hatte ebenfalls beurteilt, daß »ein übereilter Angriff des I. Armeekorps nicht gerechtfertigt wäre«.
Der 1. Generalstabsoffizier des AOK, Oberstleutnant Hoffmann, schrieb später, daß das Oberkommando sehr gut daran getan hätte, »den mehrfachen Vorstellungen des General François stattzugeben und den Angriff von sich aus zu verschieben«.

Die Fortsetzung der Operation

Die Schlacht schien zwar günstig zu verlaufen, aber wenn sie sich noch weiter hinzog, konnte General von Rennenkampf seine Armee dennoch mit der Narew-Armee vereinigen. Daher sollte der Verlauf der Schlacht beschleunigt werden, indem auch das XX. Armeekorps zum Angriff

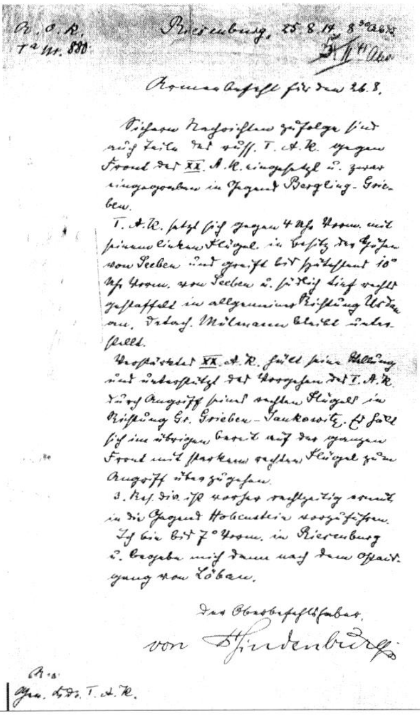

A.O.K. Riesenburg, 25.8.14. 8[30]
abends
I a Nr. 880

Armeebefehl für den 26.8

Sicheren Nachrichten zu Folge sind
auch Teile des russ. I A.K. gegen
Front des XX. A.K. eingesetzt u. zwar
eingegraben in Gegend Bergling-Grieben.
I. A.K. setzt sich gegen 4 Uhr Vorm. mit
seinem linken Flügel in Besitz der Höhen
von Seeben und greift bis spätestens 10 [0]
Uhr Vorm. von Seeben u. südlich tief
rechts
gestaffelt in allgemeiner Richtung Usdau
an. Detach. Mühlmann bleibt unterstellt.
Verstärktes XX. A.K. hält seine Stellung
und unterstützt das Vorgehen des I. A.K.
durch Angriff seines rechten Flügels in
Richtung Gr. Grieben - Jankowitz. Es hält
sich im übrigen bereit auf der ganzen
Front mit starkem rechten Flügel zum
Angriff überzugehen.
3. Res.Div. ist vorher rechtzeitig erneut
in die Gegend Hohenstein vorzuführen.
Ich bin bis 7 [0] Vorm. in Riesenburg
u. begebe mich dann nach dem Ortsausgang von Löbau.

Der Oberbefehlshaber
von Hindenburg

Befehl des Armeeoberkommandos 8 für den 26. August

überging. Die 3. Reservedivision wurde zur Umfassung links neben dem XX. Armeekorps angesetzt.

Daher wurde befohlen: »I. Armeekorps greift weiter auf Usdau, anschließend mit möglichst starken Kräften auf Neidenburg an. Es hat außerdem den Schutz der rechten Flanke gegen Borchersdorf sicherzustellen. XX. Armeekorps greift gemeinsam mit I. Armeekorps Richtung Usdau an.«

Zum Angriff des I. Armeekorps am 27. August war nun die Artillerie vollzählig verfügbar. Um 4:00 Uhr eröffnete sie mit 112 Geschützen auf einem Frontabschnitt von zwei Kilometern das Feuer. Durch die für damalige Verhältnisse mächtige Zusammenfassung der Artillerie konnten sich die Soldaten der 1. Infanteriedivision unter geringen Verlusten an Usdau heranarbeiten.

Im Angriff aus drei Richtungen wurde Usdau gegen Mittag genommen. Die Brigade Mülmann (am rechten Flügel) geriet dabei in schwere Gefechte mit Kavallerie und Infanterie. Der rechte Flügel der 2. Infanteriedivision war sogar zurückgeworfen worden, so daß dort der Schutz der tiefen rechten Flanke des I. Armeekorps beim weiteren Stoß Rich-

tung Neidenburg gefährdet schien. Daher entschloß sich General von François, nach rechts einzuschwenken und Richtung Soldau und Borchersdorf anzugreifen. Da sich die Lage in Usdau und nördlich davon für die 8. Armee als günstig darstellte, genehmigte General von Hindenburg um 11:30 Uhr diesen Schwenk nach Süden und befahl dem I. Armeekorps, den Feind dort über die Neide zurückzuwerfen.
Gegen geringen Feindwiderstand drehte das I. Armeekorps entsprechend ein und kam rasch bis Soldau vor.

Die »Rücksicht auf die große Tagesleistung der Truppen und die fortgeschrittene Tageszeit« bewog General von François gegen 15:00 Uhr, die Verfolgung einzustellen und von einem Angriff auf die stark befestigte Stellung nördlich Soldau Abstand zu nehmen. Er befahl den Truppen die Linie Fylitz – Klenzkau zu nehmen und zu halten. Diese war bis zum Abend erreicht.
General von François war erneut zweimal vom erhaltenen Auftrag abgegangen: Er ließ nach Süden einschwenken, um dort dem rechten Flügel Entlastung zu verschaffen und zurückweichenden Feind durch Verfolgung zu zerschlagen oder nachhaltig zu schwächen. Außerdem stellte er den Angriff erneut vor Erreichen des vom Armeeoberkommando 8 gesteckten Ziels ein.
Immerhin hatten am 27. August das XVII. Armeekorps und das I. Reservekorps das russische VI. Korps und das I. Armeekorps das russische I. Korps geschlagen. Damit waren beide Flügel der Narew-Armee eingedrückt. Dennoch hatte die 8. Armee die gesteckten Ziele nicht erreichen können, da das I. Armeekorps nach Süden abgedreht und dort zumindest noch einen Tag gebunden war. Das XX. Armeekorps konnte nicht zum Angriff antreten, denn es war weiterhin dem Angriffsdruck von drei russischen Korps ausgesetzt. Sein Nordflügel wurde durch einen Umfassungsversuch ernsthaft bedroht.
Die Njemen-Armee war auch am 27. August nur langsam vorgegangen und hatte die Alle mit Spitzen überschritten. Damit war weitere Zeit für die 8. Armee gewonnen, so daß General von Hindenburg den Entschluß fällte, nunmehr die Narew-Armee einzuschließen.

Die Lage entwickelte sich jedoch anders: Russische Kräfte in Stärke von etwa einer Infanteriedivision waren im Laufe des Tages nach Allenstein vorgegangen und bedrohten jetzt den rechten Flügel des I. Reservekorps. Das bedeutete, daß die geplante Einschließung am 28. August nicht erfolgen konnte.
In der Nacht wurde aus Fliegermeldungen ersichtlich, daß der Feind vor dem I. Armeekorps nach Süden auswich. Damit konnte dieses

früher als erwartet für den weiteren Angriff Richtung Neidenburg und ostwärts frei gemacht werden.

Angriff und Verfolgung des I. Armeekorps

Am 27. August um 19:30 Uhr befahl General von François: »Niederkämpfen der russischen Artillerie durch eigene Artillerie bei Tagesanbruch. Bereitstellung der Infanteriedivision zum Angriff Richtung Soldau. Zeit und Art des Angriffes wird am 28. um 6:00 Uhr im Gelände befohlen. Frühaufklärung durch Feld-Flieger-Abteilung 14 auf Soldau und Neidenburg.«

Am Morgen des 28. August lag dichter Nebel über dem Gefechtsfeld. General von François mußte ohne die Ergebnisse der Luftaufklärung ins Ungewisse handeln. Um 6:25 Uhr gab er der Kavallerie den Befehl, die Verfolgung Richtung Neidenburg aufzunehmen. Um 6:40 Uhr erteilte er den Befehl zum Angriff gegen Soldau.
Da sich bis etwa 8:00 Uhr herausstellte, daß der Feind in Soldau nur mehr eine geringe Stärke aufwies, setzte General von François auch die bisher in Reserve gehaltene 2. Infanteriedivision direkt auf Neidenburg an. Um 11:30 Uhr nahm die 1. Infanteriedivision Soldau; und gegen 13:30 Uhr erkannte man beim Armeeoberkommando 8, daß die russische Narew-Armee den Angriff eingestellt hatte und auswich.

General von Hindenburgs erneuter Befehl zum raschestmöglichen Angriff lautete nun: »Feind aus Hohenstein – Waplitz in Flucht nach Südosten. I. Armeekorps hat ihm den Weg zu verlegen und muß mit 1. Infanteriedivision noch heute über Neidenburg Muschaken, mit 2. Infanteriedivision Grünfliesz erreichen; Kavallerie, Radfahrer und Artillerie (nach) Willenberg. … Die Verfolgung ist … morgen zu frühester Stunde in allgemeiner Richtung Willenberg fortzusetzen. Brigade Mülmann bleibt in Soldau stehen.«

Erst jetzt erkannte die russische Führung die drohende Einschließung durch deutsche Kräfte im Raum Usdau – Neidenburg. Sie versuchte dies zu verhindern. Für das I. Armeekorps kam es nun darauf an, die Truppen so rasch wie möglich in die Linie Neidenburg – Muschaken zu bringen.
Die 1. Infanteriedivision war zunächst noch durch die Ablösung in Soldau gebunden, die 2. Infanteriedivision stand im Gefecht im Raum Rontzken. Daher befahl General von François der Brigade Schmettau,

die gerade Königshöhe erreicht hatte, den Marsch über Neidenburg nach Osten.
Diese nahm bis 19:00 Uhr gemeinsam mit der Kavallerie, die im Laufe des Tages verzögert worden war, Neidenburg. Die nunmehr nachdrängende 1. Infanteriedivision zwang die Brigade, weiter nach Osten anzugreifen. Um 21:00 Uhr ging sie zwei Kilometer ostwärts Neidenburg zur Versorgung und Rast über. Um 1:00 Uhr trat sie erneut an, um die Einschließung zu vollenden.
Das Armeeoberkommando 8 hatte im Verlauf der Schlacht mehrfach in den Verantwortungsbereich des I. Armeekorps hinein befohlen, indem es sogar die Ziele für die Divisionen vorgab. In keinem der Fälle war dies jedoch sinnvoll umsetzbar. Immer zwang die Lage vor Ort zu anderen Entschlüssen.

Die Operationsführung bis zum Abend des 29. August

Am 28. August nachmittags herrschte Siegesstimmung beim Armeeoberkommando 8, denn das I. Armeekorps stand unmittelbar vor der Einnahme Neidenburgs. Das XX. Armeekorps und das I. Reservekorps verfolgten den flüchtenden Feind Richtung Osten und Südosten und zogen den Ring enger.
Jetzt konnte man sich dem Kampf gegen die Njemen-Armee zuwenden. Um 17:30 Uhr wurde hierzu der Armeebefehl gegeben. Den Sieg über die Narew-Armee meldete General Ludendorff um 21:30 Uhr nach Koblenz. Dies war allerdings etwas voreilig.
Unmittelbar danach wurde nämlich vom Verbindungsoffizier beim XVII. Armeekorps vorgetragen, daß das russische XIII. Korps noch nicht geschlagen sei und das XVII. Armeekorps nach Norden ausweiche. Der Ring stand also im Osten noch weit offen. Sofort erging ein neuer Befehl: »I. Reservekorps setzt unverzüglich die Verfolgung nach Süden fort, XVII. Armeekorps hält sich am 29. August ab 6:00 Uhr für weitere Einsätze bereit.«
General von Hindenburg war wegen der scheinbaren Eigenmächtigkeiten des Generals von Mackensen (XVII. Armeekorps) ungehalten und schrieb eigenhändig unter den Befehl: »Ich erwarte, daß meine Befehle genau befolgt werden.«
Die Schlacht war zwar gewonnen, das Armeeoberkommando 8 aber enttäuscht, da es nicht gelungen war, die Narew-Armee einzuschließen. Man wußte zu dieser Zeit noch nicht, daß General von Mackensen die Truppen seines XVII. Armeekorps bereits wieder nach Süden angesetzt hatte.

Der Kampf des I. Armeekorps

In den Abendstunden des 29. August erkannte General von François, daß sich die russischen Truppen nach Osten bewegten, um einer Einschließung zu entgehen. Daher befahl er der 1. Infanteriedivision, noch in der Nacht die zwischen Muschaken und Willenberg über die Chaussee führenden Übergänge zu besetzen.
Inzwischen stand das XVII. Armeekorps ebenfalls an der Straße Muschaken – Willenberg. Jetzt war der Ring geschlossen.
Die Truppen des I. Armeekorps waren in 24 Stunden etwa 40 bis 50 Kilometer vorgestoßen. Insgesamt hatten sie in den letzten fünf Tagen gegen einen mehr als zweifach überlegenen Feind eine Angriffsleistung von 80 bis 100 Kilometern erbracht.

Die Abwehr der Entsatzversuche am 30. und 31. August

Für den 30. August plante das AOK die Ausnutzung des Angriffserfolges und die Vernichtung der drei eingeschlossenen russischen Korps. Es wurde befohlen: »XVII. Armeekorps hält weiter aus bisherigen Stellungen, I. Armeekorps und XX. Armeekorps greifen Feind weiter an, Brigade Mülmann verfolgt Feind von Soldau in Richtung Mlawa, I. Reservekorps stellt sich darauf ein, Richtung Norden zu verlegen.«

Die befohlenen Bewegungen wurden eingeleitet. Doch um 10:45 Uhr erfolgten bei Ortelsburg unerwartet neue Angriffe gegen den Rücken des XVII. Armeekorps.

Um 9:15 Uhr erhielt auch General von François eine Meldung der Luftaufklärung, daß insgesamt ein russisches Korps im Anmarsch gegen den Rücken des I. Armeekorps sei und nun etwa 6 Kilometer südlich Neidenburg stehe.
»Flugzeug A.29, Leutnant Hesse.
Weg Eylau – Soldau – Mlawa – Neidenburg.
Abgeworfen Neidenburg, 30.08., 9 Uhr vormittags.
An Generalkommando I. Armeekorps.
Kolonne aller Waffen von Mlawa auf Neidenburg, Spitze 9 Uhr 10 Minuten in Kandien, Ende 1 Kilometer nördlich Mlawa.
Eine zweite Kolonne von Stupsk auf Mlawa. Anfang 8 Uhr 45 Minuten. Ortsausgang Mlawa, Ende bei Wola.
Körner, Beobachter.«

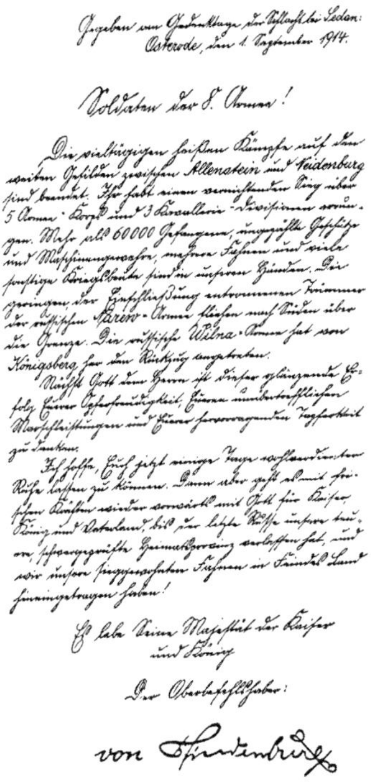

Gegeben am Gedenktage der Schlacht bei Sedan:
Osterode, den 1. September 1914

Soldaten der 8. Armee!

Die vieltägigen heißen Kämpfe auf den weiten Gefilden zwischen Allenstein und Neidenburg sind beendet. Ihr habt einen vernichtenden Sieg über 5 Armee - Korps und 3 Kavallerie - Divisionen errungen. Mehr als 60000 Gefangene, ungezählte Geschütze und Maschinengewehre, mehrere Fahnen und viele sonstige Kriegsbeute sind in unseren Händen. Die geringen, der Einschließung entronnenen Trümmer der russischen Narew-Armee fliehen nach Süden über die Grenze. Die russische Wilna-Armee hat von Königsberg her den Rückzug angetreten.

Nächst Gott dem Herren ist dieser glänzende Erfolg Eurer Opferfreudigkeit, Euren unübertrefflichen Marschleistungen und Eurer hervorragenden Tapferkeit zu danken.

Ich hoffe, Euch jetzt einige Tage wohlverdienter Ruhe lassen zu können. Dann aber geht es mit frischen Kräften wieder vorwärts mit Gott für Kaiser, König und Vaterland, bis der letzte Russe unsere teure, schwergeprüfte Heimatprovinz verlassen hat, und wir unsere sieggewohnten Fahnen in Feindesland hineingetragen haben!

Es lebe Seine Majestät der Kaiser
und König

Der Oberbefehlshaber:

von Hindenburg

Tagesbefehl Generals von Hindenburg vom 1. September

Die wesentliche Aufgabe des I. Armeekorps bestand – wie schon geschildert – eigentlich darin, breit angreifend die eingeschlossenen Truppen gegen das haltende XVII. Armeekorps zu drücken, um so rasch die Vernichtung bzw. Gefangennahme der Narew-Armee zu ermöglichen.
Die neue Lage konnte nun aber auch zu einer eigenen Einschließung führen. Trotzdem setzte General von François den Angriff mit der 1. Infanteriedivision fort.
Die Verteidigung von Neidenburg blieb der Reserve überlassen. Doch die bestand nur aus einem Bataillon. Das als Verstärkung zugeteilte Regiment der 2. Infanteriedivision war nicht eingetroffen, die Artillerie irrtümlich in der Nacht abgerückt. Die 2. Infanteriedivision blieb weiter in vollem Vorgehen nach Osten. Daher mußte von François doch auf Teile der 1. Infanteriedivision zurückgreifen. Mühsam konnte das Generalkommando 5 Infanterie-Bataillone und 16 Artillerie-Batterien aus beiden Divisionen zusammenfassen. Diese Truppen standen etwa gegen

13:00 Uhr zum Schutz der linken Flanke und des Rückens des I. Armeekorps in der Verteidigung Richtung Neidenburg.
Um 15:30 Uhr erhielt General von François vom Armeeoberkommando 8 folgende Lageinformation: »Es rücken an: eine Division vom XVII. Armeekorps über Kaltenborn – Wallendorf. 41. Infanterie- und 3. Reservedivision über Orlau, … , Detachment Mülmann über Groß-Koslau auf Neidenburg.«

Das Armeeoberkommando 8 hatte erkannt, daß für das weit überdehnte I. Armeekorps die größte Gefahr bestand und rasch reagiert.

Der Gegner startete gegen 11:00 Uhr seinen Entlastungsversuch von Süden aus in Richtung Neidenburg, stand jedoch um 15:45 Uhr noch immer drei Kilometer vor der Stadt. Gegen Abend erfolgte der russische Angriff auf Neidenburg. Um 19:00 Uhr wich das dort eingesetzte deutsche Bataillon geordnet nach Norden aus. General von François entschloß sich zum Gegenangriff und konnte den Feind zum Stehen bringen.
Am 31. August um 5:00 Uhr waren die zusätzlich unterstellten Truppenteile verfügbar. Die russische Führung hatte diesmal allerdings die neuerliche drohende Umfassung erkannt und die Truppen bereits in der Nacht aus Neidenburg zurückgezogen.
Am Abend des 31. August waren auch beim XVII. Armeekorps alle Entsatzversuche abgewehrt. Die Narew-Armee war zerschlagen, 3 1/2 der 5 Korps wurden vernichtet bzw. gefangengenommen.

Der Sieg von Tannenberg war zwar ein großer Erfolg der 8. Armee. Ihr Auftrag war damit jedoch noch nicht erfüllt. Nun mußte man sich der Njemen-Armee zuwenden, die nur wenige Tage später in der folgenden Schlacht an den Masurischen Seen geschlagen werden sollte.

Epilog

Nach Ende der Schlacht war eine große Zahl an Opfern zu beklagen. Genaue Zahlenangaben sind heutzutage nicht mehr möglich. Das Reichsarchiv ging von den folgenden Zahlen aus:
Bis zum 3. September 1914 wurden 92.000 russische Soldaten gefangengenommen, darunter 13 Generale. 6.739 russische Soldaten wurden auf dem Schlachtfeld beigesetzt.
Die Verluste auf deutscher Seite konnten anhand der Namen auf den Gräberlisten der Soldatenfriedhöfe ziemlich sicher bestimmt werden.

Demnach waren in den einzelnen Verbänden folgende Verluste zu beklagen:

• I. Armeekorps	841	Gefallene
• XVII. Armeekorps	50	Gefallene
• XX. Armeekorps	1.417	Gefallene
• I. Reservekorps	516	Gefallene
• 3. Reservedivision	254	Gefallene
• Landwehrdivision v. d. Goltz	300	Gefallene
• Division Unger	295	Gefallene
• 5. Landwehrbrigade	58	Gefallene

Insgesamt muß man auf deutscher Seite die Zahl der Toten mit ungefähr 4.000 beziffern.

Um die Namensgebung der Schlacht ranken sich viele Legenden. Hier sollte man am besten die Beteiligten selbst zu Wort kommen lassen. General von Hindenburg nahm für sich in Anspruch, Namensgeber der Schlacht zu sein. In einem Telegramm vom 29. August an den deutschen Kaiser bedankte er sich für dessen Glückwünsche zum Sieg, für die Beförderung zum Generaloberst und die Verleihung des Ordens Pour le mérite vom selben Tage. Außerdem schrieb er:
»Eurer Majestät wage ich die ehrfurchtsvolle Bitte zu unterbreiten, diesen viertägigen Kämpfen die Bezeichnung: Schlacht bei Tannenberg allergnädigst verleihen zu wollen. Die Scharte von 1410 ist auf weiter Linie gründlich ausgewetzt worden. Morgen beginnt die Bereitstellung der 8. Armee zur Abrechnung mit der russischen 1. Armee.

Gez. von Hindenburg.«

General Ludendorff berichtete 1919 in »Meine Kriegserinnerungen«:
»Die Schlacht wurde auf meinen Vorschlag die Schlacht von Tannenberg genannt, zur Erinnerung an jenen Kampf, in dem der Deutsche Ritterorden der vereinigten litauischen und polnischen Armee unterlag.«

Der spätere General Max Hoffmann nahm schließlich auch für sich in Anspruch, Namensgeber der Schlacht gewesen zu sein. Dazu schrieb er in seinem Buch »Tannenberg, wie es wirklich war«: »General Ludendorff fing beim Diktieren des Befehls damit an: ›Frögenau, Zeit offen lassen.‹ Ich machte ihn darauf aufmerksam, ob er nicht statt Frögenau den historischen Namen des vor uns liegenden Ortes Tannenberg wählen wolle, was er dann auch tat und was später dazu führte, die Schlacht nach dem Ort zu benennen, von dem der Abschlußbefehl des Oberkommandos datiert war.«

IV. *Reisemöglichkeiten nach Tannenberg*

Grundsätzlich ist der Raum Tannenberg gut mit öffentlichen Verkehrsmitteln zu erreichen. Innerhalb des Gebiets der Schlacht von Tannenberg ist man aber auf private Mittel angewiesen, da Eisenbahn- und Busverbindungen nur in geringem Maße vorhanden sind. Bei durchschnittlich geringem Verkehrsaufkommen und moderater Geländestruktur sind auch Radtouren empfehlenswert.

So können Sie anreisen:

1. Auf der Straße von

- Stettin (Szczecin) oder Küstrin (Kostrzyn) – Landsberg (Gorzow Wielkopolski) nach Deutsch Krone (Walcz) und weiter über Konitz (Chojnice) – Marienburg (Malbork) – Elbing (Elblag) – Osterode (Ostroda) – Hohenstein (Olsztynek) nach Tannenberg (Stebark),
- Frankfurt a. d. Oder über Schwiebus (Swiebodzin) – Posen (Poznan) – Bromberg (Bydgoszcz) – Thorn (Torun) – Strasburg (Brodnica) – Lautenburg (Lidzbark) – Soldau (Dzieldowo) – Usdau (Uzdowo) – Gilgenburg (Dabrowno) – Seemen (Samin) – Frögenau (Frygnowo) nach Tannenberg (Stebark).

2. Mit dem Flugzeug von

- Frankfurt a. Main nach Warschau (Warszawa) und weiter mit der Eisenbahn oder dem Auto über Mlawa – Neidenburg (Nidzica) nach Tannenberg (Stebark),
- Hamburg nach Danzig (Gdansk) und weiter mit der Eisenbahn oder dem Auto über Elbing (Elblag) – Osterode (Ostroda) nach Tannenberg (Stebark),
- Stuttgart über Kopenhagen nach Ortelsburg (Szczytno) und weiter mit dem Auto über Gedwangen (Jedwabno) – Gimmendorf (Zgnilocha) – Hohenstein (Olsztynek) nach Tannenberg (Stebark).

3. Mit der Eisenbahn von

- Berlin über Frankfurt a. d. Oder – Posen (Poznan) – Allenstein (Olsztyn) und weiter (z. B. mit einem Leihwagen) über Hohenstein (Olsztynek) nach Tannenberg (Stebark).

V. Routenvorschläge

Grunwald-Denkmal

Anfahrt

➪ Von der Nationalstraße E 77 ist das Denkmal aus Richtung Allenstein bzw. Warschau ausgeschildert,
- etwa 6 Kilometer südlich Hohenstein,
- etwa 23 Kilometer nördlich Neidenburg.

Der Weg führt Sie dann über Paulsgut – Mühlen – Tannenberg.

➪ Von der E 77 aus Richtung Danzig ist das Monument über Elbing – Osterode – Reichenau – Frögenau zu erreichen.

Aussichts- bzw. Besichtigungspunkte

- Grunwald-Denkmal mit Museum
- Kapellenruine
- Befehlsstellen der polnisch-litauischen Heere und der Truppen des Ritterordens.

Beschreibung

Zur Erinnerung an die für Polen siegreiche Schlacht von Tannenberg im Jahre 1410, wurde 1960 auf dem ehemaligen Schlachtfeld eine Gedenkstätte errichtet. Sie ist nach der in der Nähe gelegenen Ortschaft Grunwald benannt. Schon aus einigen Kilometern Entfernung ist ein Bündel von 30 Meter hohen Metallmasten zu sehen, die auf der höchsten Erhebung – dem Siegeshügel – aufgestellt wurden. Sie symbolisieren die Sturmfahnen des polnisch-litauischen Heeres, die nach der siegreichen Schlacht auf dem eroberten Gelände aufgepflanzt waren.
Vom (gebührenpflichtigen) Parkplatz führt ein breiter Fußweg auf den Siegeshügel. Folgt man ihm, so passiert man zunächst einen unregelmäßigen Obelisken, um den herum weiteres Gestein verstreut liegt. Dieses Monument wurde 1983 aus den Überresten des berühmten Krakauer Jagiello-Denkmals erbaut, das 1910 zur 500-Jahr-Feier der Schlacht bei Grunwald eingeweiht worden war. Es stellte den polnischen König und Sieger von 1410 hoch zu Roß und als Triumphator über den zerschlagenen Deutschen Ritterorden dar. Eine Inschrift verkündete: »Den Vorfahren zum Ruhm, den Brüdern zur Hoffnung.« Damit sollte zugleich daran erinnert werden, daß Polen seinerzeit noch nicht wieder als selbständiger Staat existierte. Eben darin lag auch der Grund, weshalb das Jagiello-Denkmal nicht in Grunwald, sondern auf dem Matejko-Platz im fernen Krakau als

Höhepunkt national geprägter Feierlichkeiten fertiggestellt wurde. Dieses Gebiet gehörte seinerzeit zu Österreich, das den polnischen Anliegen mehr Verständnis entgegenbrachte als Rußland und Preußen.
Die Kosten für das Jagiello-Denkmal trug jedenfalls der bekannte polnische Komponist und Pianist Ignacy Paderewski, der nach dem Ersten Weltkrieg und der Neugründung Polens dort Ministerpräsident und Außenminister werden sollte. Er hatte zuvor in Amerika gelebt, wohin er nach nur kurzer politischer Karriere zurückkehrte. Dort starb er dann später auch; sein Leichnam wurde 1992 feierlich nach Polen verbracht. Das Grunwald-Denkmal von Krakau, das er als »Zeugnis ewigen Kults der nationalen Vergangenheit« seines Landes verstanden wissen wollte, wurde im Zweiten Weltkrieg auf Befehl des deutschen Generalgouverneurs in Krakau, Hans Frank, zerstört.
Danach erreicht man das eigentliche Denkmal, einen Granitblock mit zwei helmbewehrten Ritterantlitzen. Sie schauen nach Norden und Westen, also genau in die Richtung, aus der damals die Gefahr durch den Deutschen Orden drohte. Vorbei an dem Sturmfahnenbündel öffnet sich das Halbrund eines Amphitheaters. In seiner Arena ist die Aufstellung der Heere bei der Schlacht 1410 dargestellt. In dieser Maquette werden die Lagerstellen der Heere im Bereich der Ortschaften Grunwald, Tannenberg und Ludwigsdorf kenntlich gemacht. Vom höchsten Punkt des Amphitheaters hat man den Ausblick, den vermutlich der Hochmeister des Deutschen Ordens – Ulrich von Jungingen – zu Beginn der Schlacht hatte.
Eingebettet in den Hügel des Amphitheaters befindet sich ein sehenswertes Museum mit einem Mosaik aus buntem Glas, das das polnische Heer auf seinem Marsch zeigt. Die Ausstellung würdigt das Engagement und die kluge Führung des Königs Jagiello bei der Schlacht von Tannenberg, zeigt Skizzen von deren Verlauf und präsentiert Ausrüstungsgegenstände, die bei Ausgrabungen gefunden wurden. An der Decke und in Vitrinen sind u.a. die Königsfahne von Jagiello, die des litauischen Großfürstentums und die anderer Heere ausgestellt. Sie sind auch in dem Film »Die Kreuzritter« zu sehen, den man sich im Kinosaal des Museums anschauen kann.
Der für polnische Besucher wichtigste Teil der Ausstellung ist allerdings eine Metallurne, in der Erde von den Schlachtfeldern polnischer Freiheitskriege aufbewahrt wird.
Vor dem Museum ist ein Relief von Eduard Majkowski aufgestellt, das Szenen der Schlacht darstellt. Im Kiosk am Museum kann man weiter-

Jungingenstein, der hier in aufgerichteter Form zu sehen ist.

führende Literatur zu den Schlachten von 1410 und 1914, auch in deutscher Sprache, erwerben.

Ostwärts liegen in einigen hundert Metern Entfernung die Häuser von Tannenberg, weiter rechts die Siedlung Ludwigsdorf. Am Horizont erstreckt sich (nicht sichtbar) der waldgesäumte Laubensee, wo sich die Lager des polnisch-litauischen Heeres und seiner Verbündeten befanden. Sie sind, wie die im folgenden aufgeführten Orte, durch Metallmasten gekennzeichnet, die allerdings teilweise nur aus der Nähe sichtbar sind.
Auf den Feldern zwischen Tannenberg und Ludwigsdorf hatten die Streitkräfte des Deutschen Ordens ihre Aufstellung. Die Befehlsstelle des Großkomturs Kuno von Lichtenstein befand sich auf einer

kleinen Anhöhe bei Ludwigsdorf. In südostwärtiger Richtung, etwa 1,5 Kilometer entfernt, ist der Hügel zu sehen, von dem König Jagiello anfangs die Schlacht führte (Jagiello-Hügel). Ca. 800 Meter ostwärts davon zeigt ein Mast den Ort der Befehlsstelle des Großfürsten Witold an. Am Nordrand von Ludwigsdorf kennzeichnet ein weiterer Mast den späteren Platz des polnischen Königs. Ungefähr 800 Meter entfernt und unweit von Grunwald ist die Stelle der letzten Phase der Schlacht markiert, die mit der Eroberung des Lagers des Ritterordens endete.

Nur 400 Meter weiter im Westen und durch eine Baumgruppe erkennbar (an der Allee, die bis zum Parkplatz hinabführt), sieht man die Ruinen einer 1413 eingeweihten Kapelle. Von Pilgern gern besucht, überstand sie etwa 150 Jahre, verfiel aber in der Zeit der Reformation. 1720 ordneten die preußischen Behörden an, die Reste der Ruine abzutragen.

Bei Ausgrabungen wurde die Ruine konserviert und Besuchern zugänglich gemacht. Unmittelbar vor der Kapelle liegt ein mächtiger Stein. Es ist der sagenumwobene Jagiello-, Königs- oder Jungingenstein. Bis 1901 lag er ungefähr 500 Meter westlich der Kapelle, dort, wo heute, 150 Meter südwestlich des Amphitheaters, ein kleinerer Felsblock auf die Stelle verweist, an der Ulrich von Jungingen starb. Der Jungingen-Stein, ursprünglich auf den Ruinen errichtet, erhielt die Aufschrift

»Im Kampf für deutsches Wesen, deutsches Recht
starb hier der Hochmeister Ulrich von Jungingen
am 15. Juli 1410 den Heldentod.«

Die Inschrift ist allerdings nicht zu erkennen – der Findling liegt mit der Vorderseite nach unten.

Frögenau

Anfahrt

⇨ Hohenstein – E 77 – Paulsgut – Mühlen – Tannenberg – Frögenau

Aussichtspunkt

Von Tannenberg kommend am Ortseingang Frögenau parken und ca. 100 Meter zu Fuß zurückgehen; zuerst nach rechts auf die leicht erhöht liegende Wiese an den Rand der Baumgruppe, danach – zum besseren Blick ins Gelände – auf die Wiese links der Straße wechseln.

In den ersten Häusern am Ortseingang befand sich 1914 eine Molkerei. Dort war am 27. August der Gefechtsstand des XX. Armeekorps ein-

Findling bei Frögenau (entwendet)

gerichtet, auf dem sich nachmittags General von Hindenburg und Teile seines Stabes einfanden.

Das restliche Oberkommando der 8. Armee marschierte am 28. August in Frögenau ein und wurde – wie das Reichsarchiv schreibt – jubelnd von der Dorfjugend begrüßt.

1914 war die Straße Tannenberg – Frögenau noch nicht von der heutigen prächtigen Allee gesäumt. Deshalb hatte man vom Hügel rechts der Straße (»Feldherrnhügel«) einen besseren Blick in das Gelände links.

Auch von dieser Stelle war jedoch der Einsatzraum der kompletten Armee nicht einsehbar. Die oft behauptete These, General von Hindenburg habe von diesem Hügel seine gesamten Truppen im Einsatz gesehen und geführt, muß eindeutig als nicht zutreffend bezeichnet werden. Generalfeldmarschall von Hindenburg hatte nach dem Ende des Ersten Weltkriegs auf diesem Hügel eine Eiche gepflanzt, die aber bereits in den 50er Jahren geschlagen wurde. Ein großer Findling erinnerte hier ebenfalls an die Schlacht von Tannenberg im Jahre 1914. Unbekannte entwendeten ihn jedoch im Jahr 1989.

Gesamtlage

Beim XX. Armeekorps (General von Scholtz) hatte die Narew-Armee am 23. August mit 3 Korps angegriffen. Es bestand im Raum Frankenau – Lahna – Orlau die Gefahr einer Überflügelung. Daher wurden die links stehenden Truppen des XX. Armeekorps in den Raum nördlich und ostwärts Frögenau zurückgenommen.

Das am linken Flügel der Narew-Armee angreifende I. russische Korps hatte bei Usdau nach Westen eingeschwenkt, aber dann angehalten. Ihm gegenüber stand ab dem 25. August das I. Armeekorps (General von François), das den Angriff jedoch erst ab dem Nachmittag des 26. August mit dem Ziel aufnahm, auf Neidenburg vorzustoßen und danach die rückwärtigen Verbindungen der Narew-Armee zu unterbrechen.
Am 27. August schlugen das XVII. deutsche Armeekorps und das I. deutsche Reservekorps das russische VI. Korps im Raum Ortelsburg.

Lage des XX. Armeekorps am 27./28. August

Befehl des Oberkommandos der 8. Armee am 27. August für den folgenden Tag: »XX. Armeekorps greift um 4 Uhr vormittags vom rechten Flügel aus den Feind bis Hohenstein an«.
Einsatzräume der Truppen und Angriffsziel XX. Armeekorps von Frögenau aus gesehen:

- Hohenstein ca. 16 Kilometer im Nordosten
- 3. Reservedivision bei Geierswalde, 4 Kilometer nördlich
- 37. Infanteriedivision bei Seewalde, 6 Kilometer ostwärts
- 41. Infanteriedivision bei Jankowitz, 10 Kilometer südostwärts.

Um 22:45 Uhr wurde der Korpsbefehl herausgegeben. Er beinhaltete u.a.: »Feind, vermutlich 2 Divisionen, im Raum Hohenstein. 41. Infanteriedivision, rechts eingesetzt, löst sich in der Nacht vom Feind und nimmt bis 4 Uhr vormittags Paulsgut (13 Kilometer nordostwärts Frögenau). Sobald der Angriff der 41. Division in der Flanke des Feindes wirksam wird, greifen 3. Reservedivision und 37. Infanteriedivision Feind vor eigenen Stellungen und in Hohenstein an.«

Am 28. August stellte sich die Lage wie folgt dar:

- Aus ostwärtiger Richtung, dort, wo der Angriff der 41. Division vorgetragen werden sollte, hörte man um 7 Uhr starken Kanonendonner.
- Um 8:30 Uhr kam die Meldung, daß die 3. Division zügig angreife. Die 41. Division war jedoch bei Waplitz (16 Kilometer ostwärts Frö-

genau) im russischen Feuer liegengeblieben und mußte Stellungen um Wronowo (4,5 Kilometer südlich Waplitz) beziehen.

- Gegen Mittag wurde klar, daß die russischen Kräfte um Waplitz gegen die 41. Division nicht nachstießen, die 3. und 37. Division erfolgreich den Raum Hohenstein genommen hatten und die russischen Truppen nach Südosten auswichen.
- Das Armeeoberkommando gewann dadurch den Eindruck, daß der Gegner geschlagen sei, und gab gegen 17:30 Uhr den Befehl für die Verfolgung in ostwärtige Richtung.

Hinweis

Einzelheiten zum Angriff der 41. Infanteriedivision bei Waplitz siehe Kapitel V: »Zu Routenvorschlag Waplitz«, Seiten 124-126.

Frögenau - Usdau - Neidenburg

Anfahrt

➪ Hohenstein – E 55 – Paulsgut – Mühlen – Tannenberg – Frögenau

Aussichts- bzw. Besichtigungspunkte

Am besten beginnt man die Route am Aussichtspunkt Frögenau (siehe Seite 82).

Die Fahrtroute verläuft dann wie folgt (<u>Aussichtspunkte</u> sind unterstrichen): Frögenau – Seemen – entlang des Großen Damerau-Sees nach Gilgenburg – <u>Bergling</u> – <u>Usdau</u> und dann weiter ostwärts 22 Kilometer bis <u>Neidenburg</u>.

Gesamtlage

Die Geschehnisse, die Sie auf dieser Fahrtroute nacherleben können, ereigneten sich zwischen dem 22. und 29. August und betrafen hauptsächlich das I. Armeekorps unter Führung des Generals von François.

Nach der Schlacht bei Gumbinnen hatte sich das Oberkommando der 8. Armee am 20. August entschlossen, das I. Armeekorps per Eisenbahntransport über Königsberg nach Graudenz zu verlegen. Der neue Chef des Generalstabes der 8. Armee, General Ludendorff, hatte dies – noch vom Großen Hauptquartier in Koblenz aus – veranlaßt und Deutsch Eylau (etwa 40 Kilometer nordwestlich Frögenau) als Ausladebahnhof festgelegt. Zur Verstärkung wurden Kräfte der Festungen Thorn und Graudenz in den Raum Strasburg (ca. 50 Kilometer südwestlich Frögenau) befohlen. Derweil stand das XX. Armeekorps in vorbereiteten Verteidigungsstellungen zwischen Gilgenburg und Neidenburg.

General von Hindenburg hatte folgenden Einzelplan für die Schlacht gegen die Narew-Armee:

- das XX. Armeekorps sollte der Fels sein, an dem der Gegner sich stauen würde,
- das I. Armeekorps hatte von Deutsch Eylau über Usdau nach Osten anzugreifen und die rückwärtigen Verbindungen der Narew-Armee abzuschneiden, anschließend sollten
- das XVII. Armeekorps und das I. Reservekorps das russische VI. Korps im Raum Ortelsburg (40 Kilometer ostwärts Frögenau) angreifen.

Lage des I. Armeekorps vom 24.–29. August

Beim XX. Armeekorps (in dessen Gefechtsstreifen wir uns anfangs der Fahrtroute noch befinden) hatte die Narew-Armee mit 3 Korps angegriffen. Die Deutschen hielten dem Druck im Raum Frögenau stand. Das am linken Flügel der Narew-Armee angreifende I. (russische) Korps hatte Stellungen bei Usdau bezogen. Damit würde das Armeekorps des Generals von François frontal auf den Feind treffen.
Als nachteilig erwies sich auch, daß am 25. August erst eine verminderte Division von diesem Korps entladen war. Deshalb wurden ihm 6 Bataillone, 1 Eskadron und 3 Artilleriebatterien unterstellt, die unter Führung des Kommandeurs der 5. Landwehrbrigade, Generalleutnant von Mülmann, standen.

Diese Truppen sammelten – nach nächtlichem Anmarsch aus Thorn – am 27. August bei Bergling (5 Kilometer nördlich Usdau). Bereits am 26. August hatte General von François mit seinem noch nicht vollzähligen Armeekorps auf Usdau angegriffen und das etwa 2 1/2-fach überlegene I. russische Korps (General Artamonow) 10 Kilometer zurückwerfen können. Die Divisionen des von Françoisschen Korps kamen nur bis 2 Kilometer an Usdau heran. Am 27. August begann um 4 Uhr der deutsche Angriff unter dem gewaltigen Feuer von 112 Geschützen, die auf nur 2 Kilometer Frontbreite aufmarschiert waren. Sie unterstützten

- die Brigade des Generals von Schmettau, die von Bergling aus Usdau angriff,
- die 1. Infanteriedivision, die aus Westen, und
- die 2. Infanteriedivision, die aus Südwesten vorstieß.

Gegen Mittag wurde Usdau – nach hartnäckigem Widerstand – genommen. Der rechte Flügel bei der 2. Infanteriedivision war jedoch in schwere Kämpfe verwickelt, so daß der Schutz der rechten Flanke des I. Armeekorps beim weiteren Stoß auf Neidenburg nicht gegeben gewesen wäre. Deshalb entschloß sich General von François, Richtung Soldau (14 Kilometer südostwärts Usdau) einzuschwenken. Nach geringem Feindwiderstand gelang der Vorstoß bis kurz vor Soldau.
Am 28. August trat das I. Armeekorps gegen 6:30 Uhr zum Angriff auf Soldau zunächst nur mit Kavalleriekräften und ab 8:00 Uhr auch mit der 2. Infanteriedivision auf Neidenburg an.
Um 11:30 Uhr nahm die 1. Division Soldau. Als klar wurde, daß der Angriff der 41. Infanteriedivision vor Waplitz liegengeblieben war, wollte das Armeeoberkommando 8 die 2. Division auf Rontzken (16 Kilometer nordostwärts Usdau) ansetzen. Doch General von François ignorierte diesen Befehl und hielt an seinem Entschluß fest, den Feind über Neidenburg zu verfolgen. So stand die 2. Division bereits um 15:00 Uhr hart westlich Neidenburg. Die Brigade Schmettau nahm die Stadt gegen 19:00 Uhr und ging 2 Kilometer ostwärts davon zur Rast über.
Um 1:00 Uhr am 29. August trat die Brigade erneut an, nahm gegen 3:00 Uhr Muschaken (13 Kilometer ostwärts Neidenburg) und begann die Einschließung der russischen Korps von Süden, während an diesem Tag das XVII. Armeekorps den Ring von Norden her bei Willenberg (33 Kilometer ostwärts Neidenburg) schloß.

General von François hatte im Verlaufe des Gefechts mehrfach gegen die Befehle des Oberkommandos der 8. Armee gehandelt, teilweise auch, weil diese Befehle der Lage vor Ort und der Fähigkeit seiner Truppen nicht entsprachen. Der Erfolg gab ihm recht – und das erkannte nicht nur der Chef der Operationsabteilung, Oberstleutnant Hoffmann.

In den Tagen nach dem 29. August gelang es dem I. Armeekorps, Gegenangriffe der Russen bei Neidenburg zurückzuschlagen und die Verstärkung des I. russischen Korps durch Kräfte, die aus Warschau – Mlawa herangeführt wurden, zu verhindern.

Hinweis

Siehe dazu auch Kapitel IX: »Zu Routenvorschlag Frögenau – Usdau – Neidenburg«, Seiten 119–121 .

Orlau

Anfahrt
➪ Neidenburg – E 77 – Lahna – Altendorf – Orlau

Aussichtspunkt
Am besten parken Sie am Soldatenfriedhof Orlau, der sich am Ortseingang auf der linken Seite befindet. Gehen Sie dann zu Fuß etwa 100 Meter weiter. Links biegt ein Waldweg in das Tal der Alle ab. Die Steilheit des Wegs verdeutlicht, wie tief der Fluß das Gelände durchschneidet. Wenige Meter weiter biegt ein Weg zu einer Häusergruppe ab (vormals »Gut Orlau«). Verfolgen Sie diesen Weg noch etwa 80 Meter, bis Sie auf der offenen Fläche den freien Blick nach Norden (links) haben.
Seit 1914 hat sich das Gelände nördlich Orlau sehr verändert. Die Alle-Wiesen wurden trockengelegt, so daß nur noch begrenzt nachvollzogen werden kann, wie schwierig es für die hier kämpfenden Truppen war, durch das sumpfige Tal der Alle anzugreifen. Auch stellen sich die Sichtverhältnisse durch den jetzigen Baumbestand anders dar als im Jahre 1914.

Gesamtlage
Orlau steht zum einen für das Gefecht zwischen der 37. Infanteriedivision des XX. Armeekorps und dem XV. russischen Korps. Außerdem kennzeichnet der Ort die Endphase der Schlacht von Tannenberg, als General Samsonow hier das Ende seiner Armee erlebte. Der beschriebene Aussichtspunkt konzentriert sich ausschließlich auf die Geschehnisse des 23./24. August.
Im Rahmen des XX. Armeekorps war die 37. Infanteriedivision auf der Linie Michalken (10 Kilometer westlich) und nördlich des Alle-Tals bis auf die Höhe Orlau eingesetzt, um gegen die Angriffe der Narew-Armee zu verteidigen.

Lage am 23./24. August
Von Neidenburg kommend, traf das XV. russische Korps unter General Martos am 23. August unvermutet nördlich Orlau auf deutsche Truppen und wurde sofort in ein Gefecht verwickelt. In gut ausgebauten Stellungen am Nordrand der Alle standen ihm Teile der 37. Infanteriedivision gegenüber. Im Abschnitt um Orlau war die 73. Infanteriebrigade unter Führung von Generalmajor Wilhelmi eingesetzt, rechts davon, also in Richtung Lahna – Gutfeld, das 1. Ermländische Infanterieregiment unter Oberst Küster. Zu ihm gehörten auch die Ortelsburger Jäger.

Den russischen Angreifern, darunter das Simbirsk- und Poltawa-Regiment, gelang es mit starker Artillerieunterstützung, das Alle-Tal zu überwinden und die Stellungen des linken Flügels der 73. Brigade von Osten her aufzurollen. Generalmajor Wilhelmi faßte daraufhin an anderer Stelle nicht gebundene Kräfte zusammen und führte am 24. August einen Angriff mit der Masse der 73. Brigade über seine eigenen Stellungen hinweg auf das südliche Alle-Ufer durch. Im Nahkampf waren dabei Deutsche und Russen vermischt (»verzahnt«). Generalmajor Wilhelmi entschloß sich deshalb, seine Kräfte wieder hinter die Alle zurückzunehmen und meldete an die 37. Infanteriedivision: »Brigade sammelt sich im Wald ostwärts Seelesen [4 Kilometer nordwestlich] und wird versuchen, ihre alten Stellungen zu halten. Die Verbände [Regimenter/Bataillone] der Brigade sind völlig vermischt, ordnen bei Dunkelheit kaum möglich. Die Verluste sind sehr schwer!«

Da der Feinddruck weiter anhielt und Frankenau durch die Russen genommen worden war, gab das XX. Armeekorps den Befehl, die 37. Infanteriedivision bis an den Mühlensee (13 Kilometer nordwestlich) zurückzunehmen, um eine Überflügelung durch das XV. russische Korps zu verhindern. Die Schlacht bei Orlau kostete den Russen über 3.000 Soldaten, den Deutschen mehr als 1.000.

363 Deutsche und 1.100 Russen sind auf dem Soldatenfriedhof in Orlau begraben.

Hinweis
Siehe dazu auch Kapitel IX: »Zu Routenvorschlag Orlau«, Seiten 121–124 .

Waplitz

Anfahrt

- Von Hohenstein auf der E 77 ca. 12 Kilometer bis Waplitz oder
- von Neidenburg auf der E 77 ca. 19 Kilometer bis Waplitz.

Aussichtspunkt
Von der Straßenbrücke bei Waplitz noch ca. 2 Kilometer Richtung Neidenburg. Auf der Höhenschwelle am besten rechts über das Feld auf den Hügel (ca. 80 Meter von der Straße E 77, auf der Karte: Höhe 198/ Adamsheide). Gute Sicht hat man aber auch vom Höhenkamm links der Straße.

Gesamtlage

- Die 41. Infanteriedivision – unter Führung des Generalmajors Sontag – hatte am 27. August abends folgende Linie erreicht (Entfernung von der Höhe 198):
- Südende des Mühlensees (3 Kilometer nordwestlich) – Albrechtau (3 Kilometer südlich) – Ianuskau (6 Kilometer südlich).
- Dort hatte man geschanzt und Aufklärung nach Osten und Nordosten angesetzt.
- Die Stärke der 41. Division betrug 9 Bataillone Infanterie, 13 Artilleriebatterien und 2 Eskadrons (etwa 4 Kompanien berittene Infanterie, die auch zur Aufklärung eingesetzt wurden).
- Siehe auch Kapitel V: »Routenvorschläge Frögenau, Gesamtlage«, Seite 84.

Gegen 23:20 Uhr ging bei der 41. Division der Befehl des XX. Armeekorps ein. Er beinhaltete u.a.: »Feind in Stärke von vermutlich 2 Divisionen im Raum Hohenstein [10 Kilometer nördlich] und mit einzelnen Kräften im Raum ostwärts Bujaken [5 Kilometer südostwärts]. 41. Division greift nach Norden an, entzieht sich dabei der Bedrohung aus Bujaken durch Abmarsch in der Dunkelheit und erreicht um 4 Uhr Linie Luttken [5 Kilometer nördlich] – Ganshorn [4 Kilometer nordwestlich]. Beim Vormarsch ist eine starke Nachhut mit Artillerie auszuscheiden.
Sobald der Angriff der 41. Division über Paulsgut [6 Kilometer nordwestlich] und Kunchengut [6 Kilometer nördlich] sich fühlbar macht, greift 3. Reservedivison [aus Raum Geierswalde, 17 Kilometer nordwestlich] und 37. Division [im Raum Seewalde, 9 Kilometer westlich] Feind vor eigenen Stellungen und dann in Hohenstein an.« Aufgrund dieses Befehls hing der Angriffsbeginn der 3. und 37. Division davon ab, daß der Angriff der 41. Division erfolgreich verlaufen würde.

**Lage der 41. Division
am 27./28. August**

Der Kommandeur der 41. Division war sich der Schwierigkeit seines Auftrages bewußt:

- Er hatte nur noch etwa 3 Stunden Zeit, um seine Truppe für den Angriff bereitzustellen;
- er mußte dazu an einem in seiner Flanke und seinem Rücken stehenden, noch nicht endgültig geschlagenen Feind vorbei aufmarschieren, über dessen exakte Lage und Absicht er ein unklares Bild hatte;
- seine Truppen standen seit Tagen im Gefecht und waren erschöpft;
- es war nicht nur Nacht, sondern es herrschte auch dichter Nebel!

Gegen 23:45 Uhr gab Generalmajor Sontag den Befehl: »41. Divison marschiert in einer Kolonne über Post Wittmannsdorf [1,5 Kilometer südlich] nach Waplitz [2 Kilometer nördlich]. Von da an 3 Kolonnen auf Paulsgut, Ganshorn und Luttken. Solange es dunkel ist, wird mit ungeladenem Gewehr marschiert!«
Gegen 2:30 Uhr begann das Sammeln. Durch den dichten Nebel gab es ein heilloses Durcheinander. Die Vorhut marschierte über Adamsheide (also dicht am Aussichtspunkt links der E 77 vorbei) auf Waplitz. Die Hauptkräfte stießen bei Post Wittmannsdorf auf die Straße (E 77) und gingen rechts davon auf Waplitz vor. Der Divisionskommandeur blieb bei der Nachhut, um diese gegebenenfalls auf Frankenau (5 Kilometer südlich) abdrehen zu können.
Gegen 3:45 Uhr erreichte die Vorhut den südwestlichen Rand von Waplitz und wurde unter starkes Infanteriefeuer genommen. Es gelang ihr noch in den Ort einzubrechen, dann aber stockte der Angriff. Zur eigenen Artillerie und den Hauptkräften bestand zu diesem Zeitpunkt keine Verbindung.
Diese hörten jedoch den Gefechtslärm. Auf der Höhe 198 (dem Aussichtspunkt) ging eine Maschinengewehrkompanie in Stellung. Als die beiden Bataillone, rechts von der Straße vorgehend, bis auf 400 Meter an Waplitz herangekommen waren, lichtete sich der Nebel schlagartig. Russische Infanterie griff aus der rechten Flanke an, und die Bataillone lagen unter starkem Artilleriefeuer aus dem Raum Bujaken. Die Aufklärung der 41. Division hatte eine russische Brigade und Feuerstellungen mit 50 Artilleriegeschützen nicht erkannt! Da die Nachhut nicht zeitgerecht herangeführt werden konnte, entschloß sich Generalmajor Sontag, den Angriff einzustellen. Unter dem Schutz der eigenen Artillerie gelang es der 41. Division, sich der Gefahr der Einschließung und der völligen Zerschlagung zu entziehen. Sie wich auf die Linie Seythen (4 Kilometer westlich) und Mronowo (3 Kilometer südlich) aus. Der Feind stieß ihr nicht nach.
Die 41. Division hatte über 1.000 Tote und Verwundete zu beklagen, ein Großteil davon beim Infanterieregiment Deutsch Eylau. Das Gefecht bei Waplitz forderte innerhalb von nur 3 Stunden mehr als ein Viertel aller deutschen Opfer der Schlacht bei Tannenberg.

Generalfeldmarschall von Hindenburg schrieb in seinen Kriegserinnerungen: »Während des 28. August geht das blutige Ringen weiter.«

Da die 3. Reservedivision unter General von Morgen trotzdem aus eigenem Entschluß Hohenstein angriff und nahm, wurde der 28. August insgesamt doch noch ein Erfolg für die deutschen Truppen.

Hinweise

- Vom Aussichtspunkt empfiehlt es sich, zur Ortschaft Waplitz zu fahren und damit die Perspektive der russischen Truppen zu sehen.
- Links vor der Brücke bei Waplitz befindet sich ein Soldatenfriedhof (siehe Kapitel V: Seiten 103–104).
- Eine besonders lebendige Schilderung der Ereignisse gibt Alexander Solschenizyn. Er beschreibt das Gefecht um Waplitz aus der Sicht des Befehlshabers des XV. russischen Korps, General Martos (siehe Kapitel IX: »Zu Routenvorschlag Waplitz«, Seiten 124–126).

Allenstein - Darethen - Grieslienen

Anfahrt

⇨ Altstadt Allenstein – ca. 11 Kilometer bis Darethen – auf der B 51 – ca. 20 Kilometer bis Grieslienen (4 Kilometer nordostwärts Hohenstein).

Besichtigungs- bzw. Aussichtspunkte

Allenstein: Am meisten von der früheren Atmosphäre kann man im Bereich der Ordensburg mit dem charakteristischen Rundturm (heute Masuren-Museum) und dem mittelalterlichen Marktplatz spüren.
Darethen: Am Südausgang des Dorfes (rechts der Wulping-See/Jezioro Wulpinskie) mit Blick auf die Höhenschwelle südlich Darethen.
Grieslienen: Höhenrücken südlich des Dorfes mit Blick auf Hohenstein und den Wald westlich der E 77.

Gesamtlage

Dieser Routenvorschlag beleuchtet die Lage um den 26.–29. August beim XIII. russischen Korps. Im Zentrum der 2. russischen Armee waren Teile des XX. Armeekorps und das XV. russische Korps (unter General Martos) bei Mühlen in heftige Gefechte verwickelt. Währenddessen marschierte das XIII. russische Korps nach Allenstein und nahm es ein. Nach den Gefechten bei Gumbinnen wurden das I. Reservekorps (General von Below) und das XVII. Korps (General von Mackensen) aus Norden herangeführt und gegen die russischen Kräfte bei Allenstein und Passenheim/Ortelsburg angesetzt.

Lage am 27.–29. August

Nachdem das gesamte XIII. russische Korps unter General Klujew den 27. August in Allenstein ohne Feindberührung verbracht hatte, wurden das Narwa- und Koporje-Regiment – gerade erst am 26. im Raum Allenstein angekommen – in einem erneuten Gewaltmarsch nach Hohenstein befohlen.

Sie zogen gegen Mittag ohne Feindberührung in die fast menschenleere Stadt ein. Da kein weiterer Befehl vorlag, begannen die Truppen sich häuslich einzurichten und ernährten sich von dem, was die Bevölkerung zurückgelassen hatte. Entlastung für das in schweren Gefechten befindliche XV. russische Korps bei Mühlen brachten sie deshalb nicht.

Unterdessen hatte General Klujew zwar den Befehl erhalten, sich dem XV. Korps anzuschließen. In seinem bequemen Quartier in Allenstein konnte er sich jedoch nicht entscheiden, vor dem 28. August in Richtung Hohenstein anzutreten. Ein Flieger sollte dies an den Stab der 2. Armee in Neidenburg übermitteln. Das Flugzeug wurde jedoch durch Soldaten des I. Reservekorps abgeschossen, und so wußte General von Below, was General Klujew beabsichtigte.

Erste Teile des russischen XIII. Korps verließen Allenstein gegen 10:00 Uhr am 28. August, nachdem General Klujew den Stab der 2. Armee gegen 8:00 Uhr in einem unverschlüsselten Funkspruch davon in Kenntnis gesetzt hatte.

Die 8. Armee fing den Funkspruch ebenfalls auf und setzte sofort Kräfte auf Allenstein und Hohenstein an.

General Klujew, der General Blagowjeschtschenski mit dem VI. russischen Korps ostwärts seines Korps und im Marsch auf Allenstein wähnte, ließ fast 2.000 Mann zur Sicherung der Stadt zurück. Nur wenige von ihnen würden den folgenden Angriff der Deutschen überleben! Als Nachhut der Korpskolonne setzte General Klujew Teile des Dorogobush-Regiments ein. In heldenmütigem Kampf hielten sie an den Höhen von Darethen die nachdrängenden Deutschen zeitweise auf und sicherten – unter Inkaufnahme der eigenen Vernichtung – den (späteren) Rückzug des XIII. russischen Korps.
Am Nachmittag des 28. erreichte General Klujew die Grieslienener Höhen und blieb – angesichts der Kämpfe in Hohenstein – dort stehen. Weder setzte er Aufklärung an, noch war ihm offensichtlich klar, daß dort das Narwa- und Koporje-Regiment gegen die 3. Reservedivision im Gefecht standen. Statt dessen ließ er das Newa-Regiment in den Kämmerei-Wald (Hohensteiner Forst westlich der E 77) hinein angreifen, wiederum mehr zur eigenen Sicherung als zur Entlastung des XV. Korps von General Martos. Denn kaum hatte das Regiment nach mühevollen und verlustreichen Kämpfen den westlichen Waldrand erreicht, befahl er den Rückzug der Truppen!
Unterdessen räumten das Narwa- und Koporje-Regiment Neidenburg

und zogen nach Süden ab – in Unkenntnis, daß General Klujews Korps kaum 4 Kilometer entfernt stand!
In der Nacht zum 29. August erreichte das XIII. russische Korps ein Befehl der Narew-Armee, den General Klujew dahin interpretierte, seine verbliebenen Truppen zur Sicherstellung einer »reibungslosen Versorgung« in den Raum Kurken (12 Kilometer südostwärts Grieslienen) zurückzuführen.
Vom XIII. Korps waren nur noch drei Regimenter geblieben. Das im Hohensteiner Forst siegreiche Newa-Regiment kämpfte sich in der Nacht durch den Wald nach Grieslienen. Zur Deckung des Rückzuges blieb das Kaschira-Regiment bei Hohenstein stehen – »ein weiteres der Vernichtung preisgegebenes Regiment«, genauso wie die Sappeurkompanie (Pioniere), die »vom Korpsstab einfach vergessen« wurde, wie Solschenizyn schreibt!

Hinweis
Zum Kampf des Dorogobush-Regiments und des Newa-Regiments siehe Kapitel IX: »Zu Routenvorschlag Allenstein – Darethen – Grieslienen«, Seiten 126–129.

Hohenstein

Anfahrt
- von Allenstein auf der B 51 oder
- auf der E 77 aus Richtung Neidenburg oder Osterode nach Hohenstein.

Besichtigungspunkt
Stadtzentrum, großer rechteckiger Marktplatz (»Park«) mit Blick auf das Rathaus. Am westlichen Rand des Parks steht ein steinerner Löwe. Abgesehen vom Torbogen (siehe Kapitel V: »Reichsehrenmal Tannenberg«, Seite 96) ist dieser Löwe der einzige sichtbare Rest des Ehrenmals und erinnert an die Gefallenen der 37. Infanteriedivision (Allenstein), deren Wappentier er war.

Gesamtlage
Dieser Routenvorschlag beleuchtet die Lage vom 27.–29. August und steht im engen Zusammenhang mit den Routenvorschlägen Allenstein – Darethen – Grieslienen sowie Frögenau und Waplitz.

Das Oberkommando der 8. Armee hatte am 27. August befohlen: »XX. Armeekorps greift um 4 Uhr vormittags (am 28.08.) vom rechten Flü-

Zerstörte Häuser in Hohenstein

gel aus den Feind bis Hohenstein an.« Dabei sollten – gemäß dem Befehl des XX. Korps – die 3. Reservedivision und die 37. Infanteriedivision Hohenstein selbst nehmen.

Lage am 28./29. August

- Seit dem 26. August befanden sich Teile des XIII. russischen Korps – das Narwa- und Koporje-Regiment – in Hohenstein.
- Am Vormittag des 28. August marschierten die Hauptteile des XIII. Korps von Allenstein Richtung Hohenstein.
- Ab 8:30 Uhr griff die 3. Reservedivision – obwohl die 41. Infanteriedivision bei Waplitz nicht erfolgreich war – zügig auf Hohenstein an und nahm die Stadt nach hartem Kampf.
- Dabei wurden viele Gebäude zerstört, auch die Häuser auf der westlichen und südlichen Seite des Marktplatzes einschließlich des Rathauses.
- Das Narwa- und Kaporje-Regiment mußten sich nach Südosten zurückziehen, ohne dabei Unterstützung durch das XIII. russische Korps zu erhalten, das auf den Grieslienener Höhen stehengeblieben war und mit einem Regiment im Hohensteiner Forst einen kräftezehrenden Waldkampf führte.
- Am 29. August wichen die Restteile des XIII. russischen Korps ostwärts Hohenstein, zwischen Mörken (2 Kilometer ostwärts), dem Großen Plautziger See und dem Lansker-See, Richtung Kurken aus.
- Das Kaschira-Regiment – verstärkt mit 16 Haubitzen – sollte als Nachhut den Rückzug decken, wurde aber durch Truppen des I. Reservekorps – das bereits Allenstein genommen hatte – besiegt.
- Damit war die nördliche Seite zur Umfassung der russischen Narew-Armee geschlossen.

Hinweis
Zur Stimmungslage am 26./27. August siehe Kapitel IX: »Zu Routenvorschlag Hohenstein«, Seiten 129–132.

Reichsehrenmal Tannenberg

Von dem Bauwerk, das zu den bekanntesten Ostpreußens zählte, sind nur noch Fragmente vorhanden: Außer dem erwähnten Torbogen an der E 77, der heute in eine Hotelanlage integriert ist, und dem beschriebenen Löwen von Hohenstein deuten lediglich drei Gräber und Mauerreste auf den ehemaligen Standort hin. Dieser ist in keiner Weise ausgeschildert.

Anfahrt
Am sichersten finden Sie den Weg wie folgt:

➪ Fahren Sie auf der E 77 von Waplitz kommend in den Bereich Hohenstein (ab Waplitz etwa 10 Kilometer). Kurz bevor die E 77 einen Linksbogen macht und eine Straße in das Zentrum Hohenstein bzw. die Straße 51 nach Allenstein rechts abzweigt, geht links eine Straße nach Drweck ab. Folgen Sie dieser – das »Olimpia-Stadion« rechter Hand – und biegen Sie nach etwa 200 Metern halbrechts auf einen befestigten Weg ab, der durch eine halbhohe Steinmauer führt und nach weiteren 500 Metern im Wald endet. Ein Sandweg, der sich anschließt, führt nach links auf eine freie Ackerfläche. Am Waldrand, links des Weges, befinden sich die drei Gräber im Abstand von etwa 10 Metern; rechts ist ein Mauerrest des Ehrenmals. Die Stelle, wo das Reichsehrenmal einst stand, finden Sie, indem Sie dem Sandweg ca. 150 Meter folgen und dann in den leicht ansteigenden Pfad nach links abbiegen. Bleiben Sie auf diesem, auch an der Gabelung nach 30 Metern, und Sie stehen nach wenigen Schritten auf einem teilweise zugewachsenen Ringwall. Zu Ihren Füßen befinden sich überall noch Mauerreste des Ehrenmals.
Um den oben beschriebenen Torbogen zu sehen, kehren Sie zur E 77 zurück, biegen nach links ab und folgen der E 77 ca. 600 Meter. Durch den links liegenden, aus Feldsteinen gemauerten Torbogen gelangen Sie auf einen waldumsäumten Platz, an dessen Ende sich ein Hotel (Zajad Mazurski) befindet.

Beschreibung
1924 stellte die Stadt Hohenstein kostenlos Land zur Verfügung, um ein Denkmal zur Erinnerung an die Schlacht bei Tannenberg zu errichten.

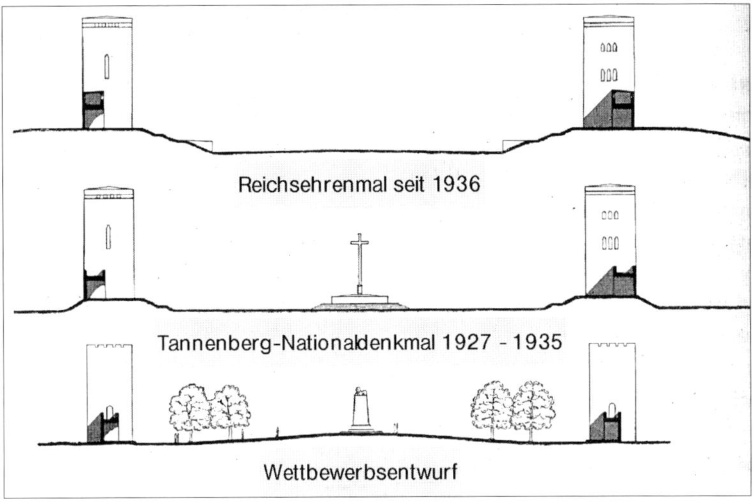

Veränderungen des Denkmalquerschnitts

Am 31. August 1924, dem 10. Jahrestag der Schlacht, legte Generalfeldmarschall von Hindenburg den Grundstein. Im April 1925 entschied sich ein Preisgericht unter 385 Vorschlägen für die Idee der Berliner Professoren Walter und Johannes Krüger. Da das Geld zum Bau nur spärlich floß, wurde 1927 eine landesweite Werbeorganisation aufgebaut. So gelang es, die fehlenden 2 Millionen Reichsmark zu beschaffen. Dabei ist anzumerken, daß die Ostpreußen am spendabelsten waren; je weiter man nach Westen kam, um so spärlicher floß das Geld. Am 18. September 1927 versammelten sich 80.000 Menschen zur Einweihungsfeier. Generalfeldmarschall von Hindenburg erschien in der Uniform des nach ihm benannten masurischen Infanterieregiments 147. In einer Ansprache sagte er u.a.: »Die Anklage, daß Deutschland schuld sei an diesem größten aller Kriege, weisen wir, weist das deutsche Volk in allen seinen Schichten zurück.«

Generalfeldmarschall von Hindenburg starb am 2. August 1934. Am 7. August wurde er in Tannenberg beigesetzt. Adolf Hitler schloß die Trauerrede mit den Worten: »Toter Feldherr, geh nun ein in Walhall.«

Am 2. Oktober 1935, dem Geburtstag Hindenburgs, wurde sein Leichnam in den inzwischen fertiggestellten Hindenburgturm überführt. Am selben Tag wurde das Denkmal zum Reichsehrenmal erhoben. Es sah folgendermaßen aus: In der Mitte gab es einen Ehrenhof mit einem

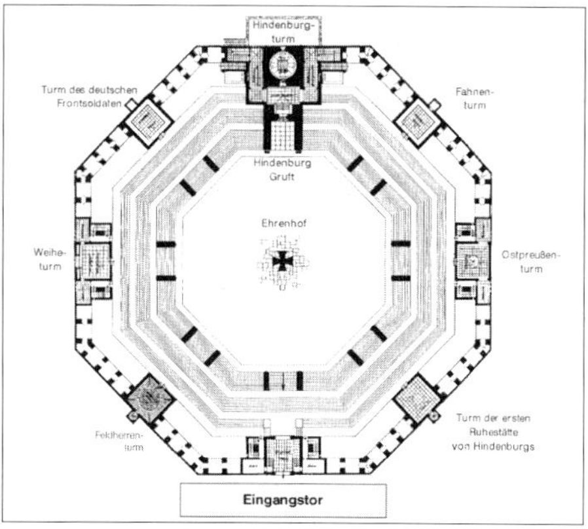

Grundriß des Ehrenmals

Luftaufnahme des Ehrenmals aus den dreißiger Jahren

Trauerfeier für Generalfeldmarschall von Hindenburg im Ehrenmal Tannenberg am 7. August 1934

Durchmesser von etwa 100 Metern. Dieser war von einer roten achteckigen Backsteinmauer umgeben. An jeder der Ecken befand sich ein 23 Meter hoher Turm. Diese Türme hatten folgende Bedeutung:

- Eingangsturm
- Turm der ersten Ruhestätte Hindenburgs: Nach Überführung des Generalfeldmarschalls in seine endgültige Ruhestätte wurde ihm keine neue Bedeutung zugewiesen.
- Ostpreußenturm: Hierin war eine Ausstellung über deutsche Geschichte im Osten untergebracht.
- Fahnenturm: Hier waren Nachbildungen der Truppenfahnen aller an der Schlacht beteiligten Regimenter ausgestellt: insgesamt 54 Fahnen und Standarten, dazu die Reichskriegsflagge.
- Hindenburgturm: Man kam zuerst in einen Vorraum, von dem aus man in die Gruft schauen konnte. Sie war mit dunkelgrünen Marmorplatten ausgelegt. Hindenburg und seine bereits 1921 verstorbene Frau ruhten hier in Bronzesärgen. Zwei Soldaten

Innenaufnahme des Fahnenturms mit den Fahnen der an der Schlacht beteiligten Regimenter

Die Sarkophage Generalfeldmarschalls von Hindenburg (rechts) und seiner Frau in der steingewölbten Gruft

des Heeres standen am Eingang stets als Ehrenposten. Ausnahmen bildeten nur der Skagerraktag am 31. Mai, dann stellte die Marine die Posten. Die Luftwaffe tat dies an ihrem Ehrentag, dem 21. April. Rechts und links ruhten in Nischen je 10 bei Tannenberg gefallene unbekannte Soldaten.

- Turm des deutschen Frontsoldaten
- Weiheturm mit einem kirchlichen Weiheraum
- Feldherrenturm: Hier waren Bronzebüsten aller höheren Führer aufgestellt, die an der Tannenbergschlacht teilgenommen hatten.

In einem Sondergebäude wurde ein Tannenbergrelief ausgestellt, in dem mit über 4.000 Lämpchen der Schlachtverlauf, von der Bataillonsebene aufwärts, erklärt wurde. Bis zu 300.000 Menschen besuchten jährlich das Ehrenmal.

Als im Januar 1945 die Rote Armee in Ostpreußen einmarschierte, wurden die Särge und die Truppenfahnen nach Pillau und anschließend mit dem Kreuzer »Emden« nach Stettin gebracht. Von dort gelangten die Särge nach Potsdam und weiter in ein altes thüringisches Kalibergwerk. Schließlich irrten sie in einem Waggon längere Zeit auf mehreren Güterbahnhöfen umher. 1946 schließlich fan-

Blick aus dem Feldherrenturm zum Hindenburgturm

den der Generalfeldmarschall und seine Gattin in der Elisabeth-Kirche zu Marburg ihre letzte Ruhestätte.
Die Truppenfahnen gingen 1961 in den Besitz des Bundes über und

wurden 1962 als Dauerleihgaben an neun Bundeswehreinrichtungen übergeben. 1969 wurden sie letztmalig für die Durchführung von Traditionsveranstaltungen zur Verfügung gestellt.
Ein Teil des Reichsehrenmals war durch deutsche Pioniere im Januar 1945 gesprengt worden. 1948 begann die polnische Regierung mit dem Abriß der übriggebliebenen Reste. Die roten Backsteine wurden für den Wiederaufbau der Warschauer Altstadt genutzt. Der Granit diente wohl als Baumaterial für das Denkmal des Warschauer Ghettos.

Soldatenfriedhöfe

Die Schlacht von Tannenberg kostete fast 7.000 russische und 4.000 deutsche Soldaten das Leben. Viele von ihnen wurden in Einzel- und Massengräbern auf dem Schlachtfeld bestattet. Einige dieser Soldatenfriedhöfe sind heute noch vorhanden, andere, weil nicht gepflegt, sind Opfer eines langsamen Verfalls geworden.
Im folgenden werden die Friedhöfe beschrieben, die sich dank der ehrenamtlichen Arbeit von Einheimischen, unter ihnen sowohl Polen als auch in Ostpreußen verbliebene Deutsche, in teilweise sehr gutem Zustand befinden. Dazu trägt auch die Pflege durch polnische und deutsche Schüler und Soldaten sowie der Volksbund Deutsche Kriegsgräberfürsorge e.V. bei.

Frankenau (Fraknowo)
Frankenau liegt an der E 77 zwischen Neidenburg und Waplitz. Fahren Sie in Frankenau von der E 77 ca. 300 Meter in den Ort hinein. Biegen Sie dann vor den beiden Teichen rechts in den Sandweg ab und folgen diesem ca. 200 Meter auf den Hügel. Links liegt der Friedhof, auf dem Gräber der deutschen Bevölkerung im vorderen Teil zu finden sind. Im hinteren, rechten Bereich wurden 43 Soldaten des Infanterieregiments 150 bestattet.

Lahna (Lyna)
Um Lahna zu erreichen, das 5 Kilometer ostwärts Frankenau liegt, nehmen Sie nicht den kurzen Weg, der an den Teichen entlang aus Frankenau hinausführt (sehr ruppige Kopfsteinpflasterstraße), sondern fahren über die E 77 in Richtung Neidenburg etwa 2,8 Kilometer, danach links auf der Teerstraße nach Lyna. Im Ort gelangen Sie an eine Kreuzung (von der rechts die Straße nach Neidenburg abgeht). Nach ca. 80 Metern befindet sich links auf einer ansteigenden Wiese ein Gedenkstein mit dem Eisernen Kreuz und den Jahreszahlen 1914–1918. Die eigentlichen Gräber liegen auf dem kleinen Plateau dahinter. In

Lahna fielen am 23. August 1914 etwa 270 Soldaten der Ortelsburger Jäger bei schweren Straßenkämpfen, als es ihnen gelang, den russischen Angriff zum Stehen zu bringen.

Logdau (Logdowo)
Viele Gräber der 1914 gefallenen Soldaten wurden bei Tannenberg angelegt. Heute sind davon jedoch nur noch wenige zu finden. Einige gut gepflegte Gräber erreichen Sie, wenn Sie von Tannenberg (Stebark) in südliche Richtung über Ludwigowo nach Logdowo fahren (etwa 5 Kilometer). Dort, wo die Dorfstraße nach links abbiegt, ist rechts zunächst eine Grabstätte von sieben im Januar 1945 gefallenen deutschen Soldaten zu sehen. Links davon führt ein Wiesenweg an einem kleinen Hügel vorbei. An dessen Rückseite liegen zwei Gräber mit sechs am 26. August 1914 gefallenen Deutschen.

Mühlen (Mielno)
6 Kilometer südlich Hohenstein (Olsztynek) biegen Sie von der Straße E 7 auf die Straße 537 in Richtung Löbau (Lubawa) ab. Nach etwa 4,8 Kilometern steht rechts der Straße ein Bunker des Zweiten Weltkrieges. Ca. 300 Meter weiter folgt eine kleine Kreuzung mit Feldwegen. Parken Sie im rechten Feldweg. Links von der Straße finden Sie, über Treppen erreichbar, einen Gedenkstein: »Unseren in der Schlacht bei Tannenberg am 25.8.–28.8.1914 gefallenen Kameraden zum ehrenden Gedächtnis. Das Landwehr-Infanterie-Regiment 5.«
Gleich gegenüber liegt eine ähnliche Grabanlage, vermutlich für russische Soldaten, bei der jedoch der Gedenkstein fehlt.

Orlau (Orlowo)
Von Lahna aus sind es etwa 2,5 Kilometer bis Orlau. Kurz bevor man die Ortschaft erreicht, liegt einer der größten und gepflegtesten Soldatenfriedhöfe im Raum Tannenberg links an der Straße.
Bereits 1991/92 begannen deutsche Studenten mit der Pflege der Gräber. In den Jahren danach wurde die Anlage in das Register des Volksbundes Deutsche Kriegsgräberfürsorge e. V. aufgenommen. Im Oktober 1997 legten erstmals deutsche und polnische Soldaten – im zufälligen Beisein einer Reisegruppe der Landsmannschaft Ostpreußen – gemeinsam Kränze für »die Helden von Orlau« nieder. 1998 wurden die Gräber der 363 Deutschen und 1.100 Russen nochmals vollständig renoviert.

Oschekau (Osiekowo)
Auf der Straße von Logdau kommend, erreichen Sie nach etwa 2 Kilo-

metern die Ortschaft Oschekau. Ca. 300 Meter nach dem Ortsende befindet sich links von der Straße (gegenüber einer landwirtschaftlichen Anlage) ein von den Anwohnern gepflegter Soldatenfriedhof, auf dem 304 Deutsche und 103 Russen begraben sind, die alle am 26. August 1914 fielen.

Zwischen Oschekau und Gardienen (Gardyny)

Dieser Friedhof ist etwas schwieriger zu finden, und in den Sommermonaten wird man dort durch Mücken belästigt. Wegen der liebevollen Pflege, die ihm zuteil wird, und seiner ruhigen Lage lohnt sich aber trotzdem ein Besuch.

Dazu fahren Sie von Oschekau in Richtung Gardienen zunächst ca. 2.200 Meter bis zu einer Kreuzung, von dort nach links weitere ca. 700 Meter, bis Sie einen Feldweg erreichen, der von der Straße nach links abzweigt. Stellen Sie Ihr Auto hier ab und gehen Sie zu Fuß den teilweise gerade noch erkennbaren Weg etwa 400 Meter weiter. Lassen Sie die Birkenschonung dabei immer links liegen. Dort, wo der Weg in den Hochwald (Birken und Kiefern) mündet, folgen Sie ihm noch ca. 100 Meter bis zum Friedhof. Auf ihm ruhen 425 Soldaten, davon 337 Russen des Infanterieregiments 7, in einem Massengrab.

Skottau (Szkotowo)

Von Gardienen nehmen Sie die Straße nach Skottau. Dort angekommen, fahren Sie in den Ort hinein und biegen nach der Bushaltestelle rechts ab, überqueren die kleine Brücke und folgen der Straße. An der nächsten Abzweigung biegen Sie nach rechts ab und fahren den Feldweg ca. 200 Meter hangaufwärts. Links der Straße liegt in einem Birken- und Kiefernwäldchen der Friedhof, geschmückt mit einem christlich-römischen und einem russisch-orthodoxen Kreuz. 28 deutsche und 322 russische Soldaten sind hier beerdigt, die überwiegend am 23. August 1914 gefallen sind, als deutsche Verbände im Bereich Skottau – Frankenau den Angriff der russischen Narew-Armee verzögerten.

Waplitz (Waplewo)

Im Juli 1998 wurde damit begonnen, den verwilderten Soldatenfriedhof bei Waplitz wiederherzurichten. Sie erreichen ihn auf der E 77, von Hohenstein kommend, indem Sie, ca. 80 Meter nach der Straßenbrücke Waplitz, rechts in Richtung Jadamowo fahren. Bereits nach 50 Metern können Sie rechts der Straße ein großes Kreuz erkennen, das in einem Mauerhalbrund steht. Von den vielen Gräbern der Gefallenen der 41. Division (Deutsch Eylau), vor allem des »Infanterieregiments 59 Deutsch Eylau«, sind nur drei Grabmale übriggeblieben. Eines davon steht etwa 15 Meter rechts neben dem Kreuz und erinnert an »Max Jung, Postassistent, Einjähriger freiwilliger Unteroffizier der 8. Kompanie, Infanterieregiment 59«, der bei den Kämpfen am 28. August 1914 gefallen ist.

Gedenkstein für General Samsonow

Anfahrt

➩ Von Neidenburg auf der Straße 604 etwa 28 Kilometer Richtung Willenburg

Aussichtspunkt

Nach der Ortschaft Groß-Dankheim überqueren Sie eine Bahnlinie. 1,7 Kilometer danach – und ca. 300 Meter vor einem großen Parkplatz – führt ein teilweise befestigter Weg nach rechts in den Wald, kreuzt erneut die Bahnlinie und kommt nach etwa 1,8 Kilometern zum Forsthaus Karolinenhof. Unmittelbar dahinter geht es rechts ab, parallel zu einer Stromleitung. Vom Forsthaus sind es noch 900 Meter bis zum Gedenkstein, der dann links des Weges in einer kleinen Lichtung steht.

Gesamtlage

In der Endphase der Schlacht von Tannenberg wurde die von General Samsonow geführte Narew-Armee aus dem Raum Bischofsburg (also von Norden) sowie aus Südwesten (Raum Soldau) angegriffen und schließlich im Rücken gefaßt. Der Einschließungsring zog sich in der Nacht des 29./30. August von Passenheim über Ortelsburg – Willenberg zu und wurde bei Neidenburg geschlossen.

Lage vom 28.–30. August

Am 28. August hatte General Samsonow seinen Gefechtsstand im Hotel Neureiter in Neidenburg verlassen. Gegen 11:00 Uhr erreichte er Nadrau (etwa 5 Kilometer südostwärts von Hohenstein), wo ihm General Martos über wachsende Kampfmüdigkeit bei den russischen Truppen berichtete und ihm gleichzeitig starke Verluste bei den Gefechten um Ortelsburg meldete. Noch in den Abendstunden ritt Samsonow weiter nach Orlau. Dort gab er gegen Mittag des 29. August mit der Anweisung eines geordneten Rückzuges auf russisches Gebiet seinen letzten Befehl als Oberbefehlshaber der Narew-Armee.

Kurz danach verließ er Orlau zusammen mit zwei Generalen seines Sta-

bes, weiteren Offizieren und im Schutz einer Don-Kosaken-Kompanie.
Bald zeigten sich die Anzeichen der Auflösung von Ordnung und Disziplin, ja die der beginnenden Katastrophe. Fahrzeuge, Munitions- und Proviantwagen waren auf den Wegen durcheinandergeraten; Soldaten auf der Flucht ließen Säcke mit Verpflegung liegen. Selbst Samsonow – der bereits am Ende seiner Kraft war – gelang es kaum noch, das Chaos zu entwirren.
Mit Hilfe eines Wagens schlug sich die Gruppe um Samsonow in Richtung Wallendorf – Gartenau durch, wo sie gegen 17:00 Uhr in deutsches Maschinengewehrfeuer geriet. Nach einem erfolglosen Gegenangriff sammelten sich die Überlebenden um Samsonow. Um bei der anschließenden Flucht unerkannt zu bleiben, erschlug man die Pferde, entfernte Dienstgradabzeichen und Orden und vergrub sie zusammen mit Karten und Dokumenten. In der stockdunklen Nacht wollte man bei Montwitz die russische Grenze überqueren. General Samsonow, unter asthmatischen Beschwerden leidend und offensichtlich zutiefst deprimiert angesichts des Verlustes seiner Armee, blieb schließlich nahe der Försterei Karolinenhof zurück, während seine Begleiter bei Chorzele russisches Gebiet erreichten.
General Samsonow wählte am 30. August, etwa gegen 3:00 Uhr, den Freitod durch einen Kopfschuß. Waldarbeiter, die ihn fanden, nahmen ihm seine Uhr und den goldenen Anhänger mit Familienbildern ab.
Erst im Herbst 1915 entdeckte das Rote Kreuz, das Frau Samsonow bei der Suche unterstützte, das Grab. Als es geöffnet wurde, fand man den Toten in dem trockenen Sandboden, als wäre er erst vor Tagen beerdigt worden. Er lag da in seinem langen Kosakenmantel, das Gesicht vom großen Bart umrahmt. Mit militärischen Ehren wurde der Leichnam in die Familiengruft der Samsonows bei Charkow überführt.
In den Jahren 1918 bis 1920 errichteten Deutsche an der Stelle, wo General Samsonow den Tod gefunden hatte, eine Steinpyramide mit einer Gedenktafel. Sie wurde in den 60er oder 70er Jahren entwendet, aber im November 1994 erneuert und trägt die Originalinschrift: »General Samsonow, der Gegner Hindenburgs in der Schlacht bei Tannenberg, gefallen den 30.08.1914.« Neben dem Gedenkstein ist eine Erläuterung in polnischer und deutscher Sprache angebracht.

Hinweis
Siehe dazu Kapitel IX: »Zu Routenvorschlag Gedenkstein General Samsonow«, Seiten 132/133.

VI. Chronik der Ereignisse 1914

28. Juni	Ermordung des österreichisch-ungarischen Thronfolgers, Erzherzog Franz Ferdinand, in Sarajewo durch einen serbischen Attentäter.
23. Juli	Ultimatum Österreich-Ungarns an Serbien.
25. Juli	Mobilmachung Serbiens und Teilmobilmachung Österreich-Ungarns.
26. Juli	Teilmobilmachung Rußlands.
28. Juli	Kriegserklärung Österreichs an Serbien.
29. Juli	Beschießung Belgrads und Aufmarsch russischer Truppen an der Grenze zu Österreich.
30. Juli	Volle Mobilmachung Rußlands.
31. Juli	Volle Mobilmachung Frankreichs und Österreich-Ungarns.
1. August	Ablauf des deutschen Ultimatums an Rußland und Mobilmachung Deutschlands.
11. August	Abschluß des Aufmarsches der 8. Armee in Ostpreußen. Lagemeldung über die Bereitstellung von 2 russischen Armeen hinter der Linie Wirballen – Lomsha.
13. August	Im Widerspruch zum Befehl der 8. Armee steht die Masse des I. Armeekorps (General von François) grenznah im Raum Goldap – Stallupönen.
14. August	Meldung der 8. Armee an die Oberste Heeresleitung, daß ein Angriff der Njemen-Armee in Kürze erwartet werde.
15. August	Erste Zusammenstöße von Teilen des I. Armeekorps mit Truppen der Njemen-Armee bei Stallupönen.
17./18. August	Heftige Gefechte des I. Armeekorps bei Stallupönen. Befehl des Armeeoberkommandos 8 an

	General von François, das I. Armeekorps unverzüglich in den Raum Gumbinnen zurückzunehmen. Weigerung des Generals, dies zu tun und voller Erfolg im Gefecht. Abends Lösen vom Feind und Rücknahme des I. Korps auf Gumbinnen.
19. August	Bereitstellung der Masse der 8. Armee im Raum Gumbinnen.
20. August	Angriff der 8. Armee gegen die Njemen-Armee bei Gumbinnen. Schwere Verluste der Russen. Wegen der Bedrohung durch die Narew-Armee, deren Marschbewegung in Richtung Grenze inzwischen aufgeklärt worden ist, entschließt sich Generaloberst von Prittwitz, die Schlacht bei Gumbinnen abzubrechen und hinter die Weichsel auszuweichen.
21. August	Angriff der Narew-Armee in den Raum Neidenburg. Entschluß der Obersten Heeresleitung, Generaloberst von Prittwitz und General Graf von Waldersee von ihrem Kommando zu entbinden.
22. August	Berufung der Generale von Hindenburg und Ludendorff. Einweisung des Generals Ludendorff beim Großen Hauptquartier in Koblenz.
23. August	Eintreffen der Generale von Hindenburg und Ludendorff in Marienburg bei der 8. Armee. Angriff der Narew-Armee gegen das XX. Korps.
23.–26. August	Verlegung von Teilen der 8. Armee aus dem Raum Gumbinnen zum Angriff gegen die Narew-Armee. Gleichzeitig durch 1. deutsche Kavalleriedivision, Vortäuschen von starken deutschen Kräften und Verzögern der Njemen-Armee.
26. August	Angriff des I. Armeekorps gegen das russische I. Korps bei Usdau. Vormarsch des XVII. Armeekorps und des I. Reservekorps in den Raum Ortelsburg. XX. Armeekorps hält seine Stellung.

27. August	Angriff des I. Armeekorps über Usdau auf Soldau und des XX. Armeekorps Richtung Usdau und Waplitz. XVII. Armeekorps und das I. Reservekorps schlagen das VI. russische Korps im Raum Ortelsburg.
28. August	Angriff des I. Armeekorps von Soldau nach Neidenburg. XX. Armeekorps bleibt mit 41. Division vor Waplitz liegen, nimmt aber Hohenstein. Narew-Armee stellt Angriffe ein und beginnt auszuweichen. Beginn der Verfolgung durch I. Armeekorps über Neidenburg Richtung Osten.
29. August	Der Ring um die Narew-Armee wird im Raum Muschaken – Willenberg geschlossen. Telegrafische Gratulation von Kaiser Wilhelm II., Verleihung des Ordens Pour le mérite an General von Hindenburg und dessen Beförderung zum Generaloberst.
30. August	Bedrohung des I. Armeekorps durch Heranführen eines russischen Korps aus Richtung Süden (Mlawa). Zusammenfassung von verfügbaren Kräften der 8. Armee zur Verteidigung im Raum Neidenburg. Unerwartete neue Angriffe gegen den Rücken des XVII. Armeekorps. Ein Entsatzversuch der Russen Richtung Neidenburg wird zerschlagen.
31. August	Alle Entsatzversuche der Narew-Armee werden abgewehrt, 3,5 der 5 russischen Korps vernichtet oder gefangengenommen. Meldung des Sieges durch General von Hindenburg an den deutschen Kaiser.

VII. Fachausdrücke

Armee

- Armee ist in der Bedeutung »Streitmacht, Heer« dem französischen »armée« (die bewaffnete Schar) entlehnt. Seit Mitte des 19. Jahrhunderts unterteilte man das Feldheer in mehrere Armeen. Im Kaiserreich wurden jeweils 3 Armeekorps zu einer Armee-Inspektion zusammengefaßt und mit Reserve- und Landwehrtruppen ergänzt. 1914 bildeten diese Armee-Inspektionen die 8 Armeen des Feldheeres.

Armeekorps

- Napoleon stellte 1805 eine Anzahl von Divisionen unter dem Befehl eines Marschalls als Korps für einen Feldzug zusammen. Andere Staaten – so auch Preußen – übernahmen diese Organisationsform unter dem Begriff Armeekorps. Mit der Verstärkung der Divisionen durch Artillerie, Pioniere und Nachschubtruppen im Ersten Weltkrieg war das Armeekorps in der Lage, Gefechte und Schlachten selbständig zu führen.

Armeeoberkommando (AOK)

- Stab zur Führung einer Armee. Oberbefehlshaber der 8. deutschen Armee in Ostpreußen war bis zum 22. August 1914 Generaloberst von Prittwitz und Gaffron. Er wurde durch General von Hindenburg abgelöst.
  Weitere Funktionen in diesem Stab:
- Chef des Generalstabes (Koordinierung der Arbeit des Stabes)
  – General Graf von Waldersee
  abgelöst durch General Ludendorff
- Oberquartiermeister (zuständig unter anderem für die Versorgung)
  – General Grünert
- Chef der Operationsabteilung und 1. Generalstabsoffizier (zuständig für Angelegenheiten der Truppenführung und Operationsplanung)
  – Oberstleutnant Hoffmann.

Bataillon

- Aus dem italienischen »battaglia« (Schlacht) abgeleitet, bezeichnete das französische »bataillon« eine Formation im Gefecht (Aufstellung im Viereck). Gegen Ende des 17. Jahrhunderts verstand man darunter Truppenkörper, die aus mehreren Kompanien (meistens 4 zu je 300–400 Soldaten) zusammengesetzt waren.

Batterie

- Ähnlich wie Bataillon vom lateinischen »battere« (schlagen) abgeleitet, bezeichnet Batterie die Zusammenfassung von Artilleriegeschützen unter einheitlicher Führung. Auf Betreiben des aus der Artillerie hervorgegangenen preußischen Generals von Scharnhorst wurden 1806 die Artillerie-Brigaden in Batterien gegliedert und die bis dahin der Infanterie zugeteilten Bataillonsgeschütze abgeschafft.

Brigade

- Brigade, vom italienischen »brigata« stammend, war ursprünglich die Bezeichnung für eine Kampftruppe oder einen Streithaufen. Später verstand man darunter die Zusammenfassung von Einheiten derselben Waffengattung. Im Heer zwischen 1871 und 1918 gab es u.a. Infanterie-, Kavallerie- und Feldartillerie-Brigaden, die wiederum aus je 2 Regimentern bestanden.

Division

- Als Bezeichnung für einen Großverband des Heeres kam der Begriff während der Revolutionskriege 1793/94 auf. Die Division setzte sich aus allen Waffengattungen zusammen und konnte den Kampf aufnehmen und so lange führen, bis Unterstützung durch die Armee verfügbar war. Mit der Zuteilung von Nachschub- und Versorgungseinheiten stieg diese Befähigung im Ersten Weltkrieg bis zur Selbständigkeit an.

Fahne

- Unter Fahne verstand man zunächst nur das Tuch. Dann wurde auch die Stange, an der dieses Tuch befestigt war, in diese Bezeichnung mit einbezogen. Schon im 9. Jahrhundert kannte man Fahnen in der heute noch verwendeten Form. Ursprünglich im Kampf als Erkennungszeichen benutzt, diente die Fahne danach als Sammelpunkt von Truppenteilen und wurde auch Feldzeichen genannt. Später erhielt die Truppenfahne, durch die auf sie vereidigte und ihr auf Leben und Tod folgende Truppe, eine hohe symbolische Bedeutung. Sie zu schützen war oberstes Gebot, sie an den Feind zu verlieren eine Schande. Erbeutete Fahnen des Gegners wurden als Siegeszeichen aufgestellt.
- Traditionsverbände der Tannenberg-Truppenteile ließen Nachbildungen von deren Fahnen zur Aufstellung im Tannenberg-Denkmal anfertigen. Während die Originale heute in Berlin als Teil der Stiftung Preußischer Kulturbesitz aufbewahrt werden, gingen 54 der nachgemachten Feldzeichen als Dauerleihgaben an Ausbildungsstätten der

Bundeswehr, darunter die Führungsakademie, die 8 Truppenfahnen im Moltke-Saal der Clausewitz-Kaserne in Hamburg ausstellt und dazu eine kleine Dokumentation herausgegeben hat (»Die Tannenberg-Feldzeichen in der Führungsakademie«, Hamburg 1991).

Front

Vielfältig verwendeter Begriff, z.B.

- vorderste Linie der Truppen im Gefecht,
- im russischen: räumlicher Bereich, in dem mehrere Armeen unter der Führung eines (Front-)Stabes eingesetzt sind. 1914 stand der 8. deutschen Armee die russische Nordwestfront unter Führung des Generals der Kavallerie Schilinski gegenüber,
- eine Form der Ehrenbezeugung, bei dem Soldaten in einer Linie antreten und Offiziere durch Anlegen der Hand an die Kopfbedeckung den zu Ehrenden oder eine Flagge grüßen.

Kompanie

- Kompanie ist ein seit dem Mittelalter verbreiteter Begriff, der einfach Gesellschaft oder Gemeinschaft bedeutete. In Deutschland trat Kompanie ab 1600 an die Stelle von »Fähnlein« als Bezeichnung einer taktischen Grundeinheit.

Oberste Heeresleitung

- Oberster deutscher Stab zur Führung der Kriegsoperationen.
  Ihr Sitz war das Große Hauptquartier, das zu Beginn des Ersten Weltkrieges zunächst in Berlin und dann in Koblenz eingerichtet wurde. Spätere Standorte waren Luxemburg, Charleville-Mezières, Pleß, Bad Kreuznach, Spa, Kassel-Wilhelmshöhe und Kolberg.

Regiment

- Das Wort Regiment geht auf »regimentum« (Herrschaft, Oberbefehl) zurück. Ab Ende des 17. Jahrhunderts wurde damit ein Truppenteil bezeichnet, der – unter Führung eines Oberst – Bataillone und Kompanien einer Waffengattung zusammenfaßte. Man unterschied u.a. Regimenter zu Fuß (Infanterie), zu Pferd (Kavallerie) und die der Artillerie.

VIII. Ortsbezeichnungen

Deutsch – polnisch

Allenstein	Olsztyn
Bergling	Brzezno
Bischofsburg	Biskupiec
Bromberg	Bydgoszcz
Bujaken	Bujaki
Danzig	Gdansk
Darethen	Dorotowo
Deutsch Eylau	Itawa
Deutsch Krone	Walcz
Eckertsdorf	Wojnowo
Elbing	Elblag
Flammberg	Opaleniec
Frauenburg	Frombork
Frankenau	Fraknowo
Frögenau	Frygnowo
Gardienen	Gardyny
Gartenau	Sadek
Gilgenburg	Dabrowno
Gnesen	Gniezno
Graudenz	Grudziadz
Grieslienen	Gryzliny
Großalbrechtsdorf	Piwnice
Groß-Dankheim	Przezdziek Wielki
Grünfelde	Grunwald
Heiligelinde	Swieta Lipka
Heilsberg	Lidzbark Warminski
Hohenstein	Olsztynek
Karolinenhof	Lesnictwo-Karolinka
Königsberg	Kaliningrad
Kurtinnen	Krutyn
Küstrin	Kostrzyn
Lahna	Lyna
Landsberg	Gorzow Wlkp
Liesken-Juditten	Liski Judity

Löbau	Lubawa
Logdau	Logdowo
Lötzen	Gizycko
Ludwigsdorf	Ludwigowo
Marienburg	Malbork
Marienwerder	Kwidzyn
Mohrungen	Morag
Montwitz	Macice
Mühlen	Mielno
Muschaken	Muszaki
Nadrau	Nadrowo
Neidenburg	Nidzica
Nikolaiken	Mikolajki
Orlau	Orlowo
Ortelsburg	Szczytno
Oschekau	Osiekowo
Osterode	Ostroa
Passenheim	Pasym
Posen	Poznan
Rastenburg	Ketrzyn
Reichenau	Rychnowo
Rössel	Reszel
Schneidemühl	Pila
Seemen	Samin
Sensburg	Mragowo
Seythen	Sitno
Skottau	Szkotowo
Sorquitten	Sorkwity
Stettin	Szczecin
Strasburg	Brodnica
Tannenberg	Stebark
Thorn	Torun
Treuburg	Olecko
Usdau	Uzdowo
Wallendorf	Waly
Waplitz	Waplewo
Warschau	Warszawa
Willenberg	Wielbark
Wittmansdorf	Witramowo
Zoppot	Sopot

Biskupiec	Bischofsburg
Brodnica	Strasburg
Brzezno	Berling
Bujaki	Bujaken
Bydgoszcz	Bromberg
Dabrowno	Gilgenburg
Dorotowo	Darethen
Elblag	Elbing
Fraknowo	Frankenau
Frombork	Frauenburg
Frygnowo	Frögenau
Gardyny	Gardienen
Gdansk	Danzig
Gizycko	Lötzen
Gniezno	Gnesen
Gorzow Wlkp.	Landsberg
Grudziadz	Graudenz
Grunwald	Grünfelde
Gryzliny	Grieslienen
Itawa	Deutsch Eylau
Kaliningrad	Königsberg
Ketrzyn	Rastenburg
Kostrzyn	Küstrin
Krutyn	Kurtinnen
Kwidzyn	Marienwerder
Lesnictwo-Karolinka	Karolinenhof
Lidzbark Warminski	Heilsberg
Liski Judity	Liesken-Juditten
Logdowo	Logdau
Lubawa	Löbau
Ludwigowo	Ludwigsdorf
Lyna	Lahna
Macice	Montwitz
Malbork	Marienburg
Mielno	Mühlen
Mikolajki	Nikolaiken
Morag	Mohrungen
Mragowo	Sensburg

Muszaki	Muschaken
Nadrowo	Nadrau
Nidzica	Neidenburg
Olecko	Treuburg
Olsztyn	Allenstein
Olsztynek	Hohenstein
Opaleniec	Flammberg
Orlowo	Orlau
Osiekowo	Oschekau
Ostroa	Osterode
Pasym	Passenheim
Pila	Schneidemühl
Piwnice	Großalbrechtsdorf
Poznan	Posen
Przezdziek Wielki	Groß-Dankheim
Reszel	Rössel
Rychnowo	Reichenau
Sadek	Gartenau
Samin	Seemen
Sitno	Seythen
Sopot	Zoppot
Sorkwity	Sorquitten
Stebark	Tannenberg
Swieta Lipka	Heiligelinde
Szczecin	Stettin
Szczytno	Ortelsburg
Szkotowo	Skottau
Torun	Thorn
Uzdowo	Usdau
Walcz	Deutsch Krone
Waly	Wallendorf
Waplewo	Waplitz
Warszawa	Warschau
Wielbark	Willenberg
Witramowo	Wittmansdorf
Wojnowo	Eckertsdorf

IX. Tannenberg in der Literatur

Historisches auf Jahreszahlen, Handelnde oder Konfliktparteien und den großen Bogen der Ereignisse zu beschränken mag zwar zuweilen ausreichen. Wer sich aber intensiver mit den Hintergründen und dem Warum von Geschichte beschäftigt, der will und muß sich auch mit Einzelbildern befassen; denn oftmals beeinflussen Kleinigkeiten, persönliche Stärken und Schwächen der Akteure die Geschehnisse.
Der Abschnitt »Militärische Führer«, Kapitel III, Seiten 27–37, trägt dem bereits Rechnung.
Militärgeschichte – besonders, wenn sie auf dem Schlachtfeld nachvollzogen werden soll – wird aber erst richtig begreifbar durch die Schilderung von Ausschnitten des Gefechts vor Ort.
Zu den Autoren, die die Schlacht von Tannenberg in atmosphärisch beeindruckender Weise und mit bewegender Erzählkunst dargestellt haben, zählt Alexander Solschenizyn. In »August Vierzehn«, dem ersten Band des Romanzyklus »Das rote Rad« über die russische Revolution und ihre Vorgeschichte, finden sich Abschnitte, die sich sowohl dazu eignen, an den Orten der Routenvorschläge (siehe Kapitel V) gelesen zu werden, als auch zur Erläuterung der Lage an anderen Brennpunkten der Schlacht Verwendung zu finden.
(Redaktioneller Hinweis: Bei den folgenden Texten handelt es sich um Buchausschnitte, welche die Autoren selbst gewählt haben, um einen Eindruck der damaligen Geschehnisse vermitteln zu können. Auslassungen wurden nicht gekennzeichnet.)

Zu Routenvorschlag Frögenau

Die Schlacht bei Mühlen ab dem 13. (26.) August

(Seiten 295–299) »Martos, der immer weiter vorrückte, streifte nun täglich den Feind mit seiner linken Flanke, er erkannte als erster die tatsächliche Position des schräg zu ihm stehenden Korps von Scholtz. Seine Flieger halfen ihm, die hinter dem Mühlensee ausgebaute deutsche Stellung zu entdecken.
Das alles wurde einem Korps zugemutet, das seit zwei Wochen keine Tagesrast machen konnte. Um Scholtz zu schlagen, brauchte Martos

Verstärkung. Rechts, irgendwo in der Nachbarschaft, marschierte Klujew.
Aber links von seinem Korps gähnte eine noch alarmierendere Leere, das Korps von Kondratowitsch war immer noch nicht da, nur Mingins Division stieß am 13. (26.) August ahnungslos bis Mühlen vor, ihr Angriff scheiterte. Laut Befehl des Armeestabs durfte Martos am 13. (26.) Mühlen nicht stürmen und sich auch nicht in breiter Front auf Scholtz zubewegen, sondern mußte in den leeren Norden vorstoßen, Hohenstein nehmen und sogar nach Nordwesten auf Allenstein einschwenken. Nach stürmischem inneren Kampf ließ Martos zwei Regimenter vom rechten Flügel auf Hohenstein marschieren und schwenkte mit seiner Front von Norden nach Nordwesten ein, um in der Nacht auf den 14. (27.) in einer kühnen nächtlichen Rochade seine gesamte Front von Norden nach Westen zu verlagern und sich vor der Mühlener Linie aufzustellen (die Trosse brauchten noch lange, um sich auf den Straßen zurechtzufinden).
Martos sah inzwischen, daß seine bereits mitgenommenen Divisionen gegen die Abwehr bei Mühlen nicht ankommen konnten.
Als der Armeestab sich aus Neidenburg meldete, beschwor ihn Martos: Jetzt, und nur jetzt, am 14. (27.) August, konnte das deutsche Zentrum zerschlagen werden, aber Klujews Korps mußte noch in der Nacht auf den 14. (27.) in Richtung auf Martos einschwenken!
Aber der Armeestab lehnte ab.
Als am Morgen des 14. (27.) August beide Seiten das Feuer eröffnet hatten, schickte Martos einen Obersten ins Dorf zum Telephon, um den Armeestab noch einmal dringend zu ersuchen, Klujews gesamtes Korps sofort hierher zu verschieben!
Der Kampf um Mühlen war hart, sechs russische Regimenter standen neun deutschen gegenüber. Sie hatten mehrmals das Dorf erstürmt. Einige hundert Schrapnells und Sprenggranaten waren explodiert, Dutzende von Tragbahren waren vorbeigetragen worden, einige Bataillone durch die Reserve abgelöst. Da kam endlich der Oberst vom Telephonieren zurück, und Postowskij hatte ihn mit folgender Begründung abgewiesen: ›Der Oberbefehlshaber möchte der Initiative General Klujews nichts in den Weg legen.‹
Durch nichts hätte man Martos mehr in Rage versetzen können als durch diese Antwort!
Er machte nicht den Fehler anzunehmen, seine Bitte sei tatsächlich dem Oberbefehlshaber vorgetragen und in dessen reichlich massivem Kopf nach allen Seiten erwogen worden. Nein, hier zeigte sich Postowkijs Tintenblut und seine Angst, von der vorgestrigen Direktive abzuweichen. In solchen wahnwitzigen Minuten, die in einer

Armee immer wieder eintreten, weil die vorgesetzten Hornochsen immer die denkbar schlechteste und gefährlichste Lösung bevorzugen, möchte man sich am liebsten die Klamotten vom Leibe reißen und nackt ins Wasser springen, um bloß ja nichts von Uniform an sich zu haben.
Das Gefecht ließ nach, die Truppen wurden zusammengezogen und verschoben. Auch bei den Deutschen trafen Geschütze und Reserveeinheiten ein. Die Nachricht kam, daß Klujews Regimenter Hohenstein erreicht hatten, und Martos befahl ihnen, sofort weiterzumarschieren. Um vier Uhr nachmittags setzte Martos mit allen Regimentern zu einem neuen Sturm an und kam, an Mühlen vorbei, ganz gut voran. Ein Reiter sprengte heran, holte ihn ans Telephon, er wurde vom Armeestab dringend verlangt.
›General Martos, es liegt der Befehl vor‹, knarrte die langweilige Stimme Postowskijs, ›morgen früh auf Allenstein marschieren und dort dem XIII. und VI. Korps sich anschließen. Dadurch wird dort eine große Faust aus drei Korps gebildet.‹
Martos war verblüfft, nein, er mußte etwas mißverstanden haben: nicht Klujew sollte hierher, sondern er zu Klujew?
Es war wie ein Volltreffer gegen Martos' Brust. Dieser Aktendeckel hatte keine Ahnung, daß allein das XV. Korps der gesamten bis jetzt in Ostpreußen wirksam gewordenen Feindesmacht ein heißes, erfolgreiches Gefecht lieferte. Keine Ahnung, daß jede Stunde dieses Gefechts für die ganze Armee nicht mit Gold aufzuwiegen war und daß die Truppen hierher, hierher konzentriert und nicht von hier abgezogen werden müßten.
›Holen Sie den Oberbefehlshaber an den Apparat!‹ schrie Martos mit einer wütenden, befehlenden Stimme. Postowskij weigerte sich. Wozu braucht er den Oberbefehlshaber? Der Befehl ist von … ›Nein!‹ schrie Martos, ›der Oberbefehlshaber soll bestimmen, wer mein Korps übernehmen soll, und mich vom Kommando entbinden! Ich quittiere den Dienst! Ich nehme meinen Abschied!‹ Postowskij sagte ratlos: ›Gut. Gut, ich werde Sie anmelden.‹
Leicht, knabenhaft, federnd wie ein Ball sprang Martos in den Sattel und jagte im Galopp zum Gefechtsstand zurück. In der Dunkelheit traf die Nachricht ein, Klujews ganzes Korps sei Martos unterstellt.«

Zu Routenvorschlag Frögenau – Usdau – Neidenburg

Die Schlacht bei Usdau ab dem 14. (27.) August

(Seiten 248–283) »Wenn die Reise Worotynzews (Oberst aus dem russischen Großen Hauptquartier) zum linken Flügel der Armee überhaupt einen Sinn hatte, dann war er jetzt erreicht. Das Dorf Usdau lag auf einer weiten Anhöhe, die sich auch im Automobil bemerkbar machte. In manchen Häusern brannten Petroleumlampen, andere waren dunkel, aber an den Pferden, an den Soldaten merkte man, daß es überall, in den Häusern, Scheunen, Höfen, gestopft voll war. Hinter einer großen Mauer, unsichtbar für den Feind, atmete gemächlich das Feuer einiger Feldküchen.
Generalmajor Sawitzkij eilte auf sie zu; er war Brigadekommandeur – dem Kommandeur des hier stehenden 85. Wyborger Regiments übergeordnet, links neben dem Wyborger Regiment stand eine andere Division, auch dort fehlte ein Regiment, und noch weiter links standen zwei Regimenter, die heute angegriffen hatten, dort war auch der Divisionskommandeur Duschkewitsch. Artamonow [Kommandeur des I. Armeekorps der 2. Armee] wünschte die Stellungen zu besichtigen.
Nachdem das Wyborger Regiment im Laufe des Tages hatte zurückgehen müssen, bezog es jetzt diese günstige Schlüsselstellung. Hier, hundert Sashen vor der Dorfgrenze, wo die Anhöhe sich zum Gegner hinabsenkte, war ein durchgehender Schützengraben ausgehoben worden. Sawitzkij sah deutlich alle schwachen Punkte und Gefahren: daß rechts niemand stand; daß diesem wichtigen Flügel zu wenig Artillerie zugeteilt worden war: Aber Artamonow empfand es als unerträglich, sich damit befassen zu müssen, denn so wäre er in dieser Nacht nicht mehr durch sämtliche Stellungen gekommen. Er befahl einen Zug vor ihm antreten zu lassen.
Artamonow ging einige Schritte die Reihe entlang: ›Nun, wie steht's Kinder? Werden wir's schaffen?‹ Die Soldaten röhrten, sie würden es schaffen. Jetzt schlug er selbst ein Kreuz ›Gott schütze Sie! Gott schütze euer Wyborger Regiment!‹ Und der Korpskommandeur fuhr davon.
Ganz allein auf einer freien Stelle, noch höher als das Dorf, ragte der riesige schwarze Korpus der Mühle auf. Noch weiter bogen Straße und Eisenbahndamm, die nebeneinander aus dem Dorf kamen, scharf nach Norden ab, quer zur Frontlinie.
Sawitzkij setzte sich dort, wo die Chaussee nach Neidenburg unter dem Bahndamm hervorkam, auf den Abhang in das trockene, spärliche

Gras. Jetzt blinkte in dem ganzen dunklen Raum nicht ein einziges Lichtchen. Man hörte keine Artillerie, kein Gewehrfeuer. Unmittelbar daneben reifte der Kampf Korps gegen Korps, von ihm hing das Schicksal einer Armee, vielleicht des ganzen Feldzuges ab, und hier, unmittelbar daneben – absolute Leere. Gegen Morgen sollte hier die Brigade Stempels anrücken. Und die Deutschen? Waren sie dahintergekommen oder nicht? Sickerten sie durch oder nicht?

Wenn er doch einen Befehl, mit dem linken Flügel anzugreifen, erwirken und mit diesem Befehl hierher zurückkommen könnte! Aber bis zum Morgen war das nicht zu schaffen. Also in Usdau bleiben. Hier in Usdau lag der Schlüssel zu allem.

Einen Namen hatte diese Schlacht noch nicht: von Usdau? von Soldau? Noch weniger ließ sich sagen, ob sie in die Geschichte eingehen würde. Und zu wessen Ruhm? Oder ob sie morgen schon vergessen sein würde?

Heute, am 14. (27.) August vierzehn, begann für Oberst Worotynzew der zweite Krieg seines Lebens.

Zu dem Dröhnen, das von links kam, donnerte es ein dutzendmal ihnen gegenüber, und ein Dutzend Peitschen sausten durch die Luft – und alle hierher, zu ihnen.

Und dic Gräben des Wyborger Regiments gerieten, so weit sie sich erstreckten, in den Stampfmörser deutscher Sprenggranaten – ja, solche Einschläge wie hier hatte es noch nie gegeben!

Der Leib der Erde bebte, daß es dem Menschen das Innere nach außen riß. Jede Granate flog direkt auf sie zu, alle, ohne Ausnahme, auf den Obersten, auf die Soldaten, aber keine Granate traf. Vielleicht Splitter. Und immer dichter wurde jener üble klebrige Brandgeruch, den selbst ein Anfänger bald mit dem Tode verbindet.

Was keiner länger als drei Minuten aushalten zu können glaubte – das Wyborger Regiment hielt es über eine Stunde lang aus. Das Zurücktragen der Verwundeten war schwierig: die Gräben waren tief, aber die Zugänge zum Dorf flach, und nur zwei auf ein Bataillon.

Doch plötzlich ließ das Feuer nach, und es stellte sich heraus, daß über dem Feld ein herrlicher Morgen lag, die Sonne stand schon hoch und brannte in den Graben. Aber die Deutschen hatten einen Bock geschossen! Irgend etwas hatte bei ihnen nicht geklappt: das Feuer wurde eingestellt, aber die Infanterie blieb aus. Sie verloren unschätzbare Minuten und ließen dem Wyborger Regiment Zeit, Kräfte zu sammeln und in Kampfstimmung zu kommen.

Das rechte Bataillon stand, als ob nichts geschehen war – und feuerte! Es schoß dicht, schnell, zahlte mit Genugtuung den Deutschen das Sitzen im Graben heim. Und die Deutschen fielen, schrien vor

Schmerz, stürzten den Abhang hinunter. Einige besonders Hitzige sprangen freiwillig aus dem Graben, um den Deutschen mit dem Bajonett nachzusetzen. Aber der Leutnant hielt einen am Kragen fest! Richtig.
Worotynzew freute sich, wie unverrückbar unsere Leute standen. In seinem rauchigen Rausch liebte Worotynzew das Wyborger Regiment. Und diesen 14. (27.) August und dieses Gefecht bei Usdau liebte er auch!
Seit in Usdau unter den Dreschflegeln alles in seinem Kopf zerstoßen worden und zerstoben war, hatte es sich während der folgenden Stunden nicht wieder verfestigen können.
Die Karte sah er genau vor sich und begriff den Gang der Operation: Als der Druck des Gegners links nachließ, schoß die tatenlos gestaute Kraft von selber nach vorn – das kam nicht von der Division her, das begann in den Kompanien! (Und dieses Volk hatte ja unmäßige Kräfte! Und war gewohnt zu siegen!)
Und plötzlich brach dies alles ab – ein Felssturz versperrte die Straße – es kam dieser Unteroffizier mit dem Rückzugsbefehl. Worotynzew brüllte auf, er wäre tatsächlich fähig gewesen, diesen Mann auf der Stelle niederzuschießen – aus Verzweiflung, daß er den ganzen Morgen genau davor sich gefürchtet hatte.
Der Korpskommandeur befiehlt unverzüglichen Rückzug auf Soldau. Das war alles. Die Schlacht war entschieden. Der Tag war entschieden. Das Wyborger Regiment stand also nicht mehr dort. Und alle seine Leiber und Köpfe waren umsonst gedroschen worden.«

Zu Routenvorschlag Orlau

Das XV. russische Korps unter General Martos in den Gefechten bei Orlau ab dem 10. (23.) August

(Seiten 293–294 u. 429–436) »General der Infanterie Nikolaj Nikolajewitsch Martos war, wie man so sagt, ›ein Mann, dem nie ein Tropfen danebengeht‹. Die russische Trägheit war ihm unerträglich, er war der geborene Feldherr.
Sein XV. Korps kommandierte er schon seit über drei Jahren, kannte alle seine Leute, das Korps war stolz auf seinen Kommandeur, und es war richtig, daß gerade sein Korps in Ostpreußen den Hauptstoß abfangen mußte und seit dem 10. (23) August in Gefechte verwickelt war, während die anderen Korps ins Leere marschierten, und daß gerade

sein Korps mit den Flanken die Situation abtasten, er selbst, Martos, sie auswerten (die Heeresspitze war dazu nicht imstande) und sich für die zweckmäßigste Stoßrichtung entscheiden mußte.
Es war der dritte Krieg, in dem Martos kämpfte, aber er hatte noch nie soviel Durcheinander und Überstürzung erlebt.
Man rechnete mit einem Kampf bei Neidenburg, der gar nicht stattfand, so daß Martos am 10. (23.) August die erste Tagesrast befahl – aber bei Orlau waren sie unvermutet auf den Gegner gestoßen, der sie in ein Gefecht verwickelte. Die Korpsartillerie verfügte über genügend Munition und schoß vorzüglich. Das Simbirsk- und Poltawa-Regiment gingen abwechselnd zum Angriff über, bevor der Befehl dazu gegeben wurde (was durchaus nicht immer zweckmäßig ist, sie hatten hohe Verluste). Das Gefecht kostete zwei Brigade-, drei Regiments- und mehrere Bataillonskommandeure, viele Offiziere und über dreitausend Mann. Der Gegner verfügte über sechs Infanterieregimenter in rechtzeitig gewählten und gut ausgebauten Gefechtsständen mit sechzehn Batterien. Nach zwei Kampftagen mit einer schwülen Nacht und spärlichem Regen dazwischen besetzten die Russen Orlau und Frankenau, mußten sie wieder räumen, um sie im Morgengrauen von neuem mit Erfolg zu stürmen. Der Gegner räumte geschlagen seine befestigten Stellungen, ließ Munition, Verwundete und Gefallene zurück, manche Leiche blieb stehend in der dichten, kräftigen Tannenschonung stecken.«

General Samsonow in Orlau und das Ende der Narew-Armee

»Es schien, als hätten Christus und die Mutter Gottes sich von Rußland abgewandt.
Gegen zwei Uhr nachts, in der dichtesten Dunkelheit, erreichte die Stabsgruppe auf Umwegen, auf kaum befahrbaren Sträßchen das aus sechs Häusern bestehende Dorf bei Orlau – der Name des ersten siegreichen Gefechts klang jetzt wie Hohn.
Und hier, im Durcheinander, erfuhren sie von einer Hundertschaft des 6. Donkosakenregiments und von den Trains des Regiments Kaluga, daß im Westen von einem Schild, wie er im ›gleitenden Plan‹ vorgesehen war, nicht mehr die Rede sein könne: Das Kalugaer und Libauer Regiment hätten bereits abends die Stellung aufgegeben, die sie laut Befehl den ganzen kommenden Tag hätten halten sollen, und jetzt verlaufe die Front hier in der Dunkelheit ganz nah, etwa drei Werst entfernt! Und Orlau sei von Trains verstopft, die sich im Handgemenge den Weg freikämpften.

Noch zwei Korps waren oben in dem umgekippten Krug geblieben, und sein Hals ging immer mehr zu. Und Neidenburg – darin waren sich alle einig, und man konnte auch nach der Karte nichts anderes annehmen – Neidenburg war bereits in deutscher Hand.
Um so heftiger drängten die Offiziere des Stabes auf möglichst raschen Aufbruch. Aber der Oberbefehlshaber hörte leider nicht mehr auf sie. Statt an die gesamte Armee zu denken, fing er jetzt an, sich mit den Bataillonskommandeuren einzeln zu befassen.
Von Stunde zu Stunde wurde Samsonow sicherer und unabhängiger gegenüber den Ratgebern aus seinem Stab. In einem Zimmer saß Samsonow beim Licht einer Petroleumlampe an einem Tisch und befahl an Hand der Karte den einzeln der Reihe nach erscheinenden Offizieren, wie sie das Kaluga- und Libau-Regiment in ihre Stellungen zurückzuführen und welche Artilleriebrigaden sic dabei zu unterstützen hätten.
Jetzt hätte er endlich seinen Stab evakuieren können! Nein, er hatte jeglichen Sinn für seine Aufgabe verloren – seine Offiziere mußten achselzuckend und fröstelnd aufsitzen, um an der vordersten Linie entlang auch noch nach Orlau zu reiten.
Der Wald verengte sich, es war wie ein spitzer Keil. Bisher waren nur die Wipfel der Kiefern von der Sonne beleuchtet, aber als ihr Weg den linken Waldrand verließ, wurden sie nach dem Halbdunkel von der purpurnen Sonne überschüttet, die gerade aus den Wipfeln eines anderen Waldes hervorgetaucht war – des zwanzig Werst breiten endlosen Grünfließer Forstes, der dunkel und dicht die zurückflutende russische Armee erwartete.
Die Reiter tauchten in diesen Dunst und Nebel ein, ritten über ein schadhaftes Mühlenwehr den anderen Hang hinauf und kamen nach Orlau. Hier war das Gefechtsfeld gewesen, hier hatten vor kurzem Attacken und der Kampf um die Fahne des Tschernigow-Regiments stattgefunden. Hier blieben sie den ganzen Morgen.
Die Nachrichtenübermittlung war zusammengebrochen, fünf Infanteriedivisionen, fünf Feldartilleriebrigaden, Kavallerie und Pioniereinheiten waren in einer unvorhergesehenen und extremen Situation über ein fremdes Land verstreut – aber die Nachrichten, und zwar ausschließlich schlimme, trafen aus allen Ecken des Waldes durch zufällige Übermittler so prompt und so überzeugend ein, wie der tüchtigste Chef einer Nachrichtenabteilung es nicht besser hätte machen können.
Samsonow schien zu lauschen. Nicht auf den Lärm um ihn herum. Nicht auf die entfernte Kanonade. An all dem vorbei.
Er gab seine Idee auf, Neidenburg zu verteidigen. Jetzt ließ er seinen Stab in Orlau zurück und ritt mit einer leichten Eskorte in die vorderste Stellung zum Regiment Kaluga.

In Orlau gab sich der wütende Armeestab, der ohne den Oberbefehlshaber nicht davonfahren konnte, dem Müßiggang hin. Aber dann geschah auch etwas Erfreuliches: Plötzlich erschien der Stabschef des XIII. Korps, General Pestitsch. Das Korps lebte also noch, es war auf dem Weg nach Orlau, ohne allerdings die allgemeine Lage zu kennen und ohne Befehl. Und dann rückten auch Regimenter des XV. Korps bei Orlau an.
Die Regimenter waren augenblicklich in bester Verfassung, und alle höheren Offiziere waren fest davon überzeugt, daß jeden Augenblick der Entsatz aus den Flankenkorps, dem VI. und dem I., zu ihnen stoßen würde.
Unterdessen flossen in Orlau, vielmehr auf einem Feld in der Nähe, Einheiten zusammen, geschlossene und gemischte, und stauten sich in Erwartung eines Befehls.
Die Frontkanonade, die seit fünf Tagen gedröhnt hatte, ließ jetzt nach. Als wären die Deutschen besänftigt, als hätten sie verziehen und nicht mehr die Absicht, die Russen einzuholen, zu jagen.
Gegen Mittag kehrte Samsonow aus der vordersten Linie zurück, mitten in die Stauung hinein.
Der Oberbefehlshaber brüllte die Soldaten nicht an. Mit gedämpfter Stimme sprach er: ›Aus welcher Einheit, Kinder?‹ ›Wie groß sind die Verluste?‹ ›Habt Dank für euren Dienst!‹
Die Stimme des Oberbefehlshabers klang gütig, und alle, an denen er abschiednehmend und dankend vorüberritt, blickten ihm wohlwollend nach, es gab keinen einzigen bösen Blick.
In viereinhalb Tagen hatte sich die Katastrophe der 2. Armee vollzogen. Der russischen Armee überhaupt.«

Zu Routenvorschlag Waplitz

(Seiten 340–343) »Zum Glück, aber mehr noch zum Unglück, lag es in Martos' Charakter, sich leicht zu erregen und nur langsam zu beruhigen. Die vergangenen Tage hatten ihn sehr mitgenommen, und der letzte ganz besonders: durch den wechselvollen Verlauf des ganztägigen Gefechts; durch die Auseinandersetzungen mit Postowskij; durch das Chaos in Hohenstein, das durch Klujews Brigade, die eigentlich Hilfe bringen sollte, entfesselt wurde; durch die anhaltende Anstrengung, den Absichten der Deutschen zuvorzukommen.
Trotzdem wurde er gewöhnlich abends von Müdigkeit überwältigt, um in der Nacht wieder aufzuwachen und nicht mehr einzuschlafen. Aber

heute war er so aus dem Gleichgewicht, daß er schon abends nicht einschlafen konnte. Es war völlig dunkel, als er aus dem Bauernhaus trat und sich rauchend auf eine Bank setzte.
Martos hatte sich den Mantel über die Schultern geworfen, die Mütze aber nicht aufgesetzt, er saß da und ließ sich den Kopf kühlen, massierte ihn von den Schläfen nach hinten, um die stechenden punktartigen Schmerzen zu vertreiben.
Die morgige Schlacht versprach heißer als alle vorhergegangenen zu werden, der Schwerpunkt des ostpreußischen Kampfplatzes hatte sich hierher verlagert – um so wichtiger war es, seine Kräfte bei Tagesanbruch zu verdoppeln!
Gegen Mitternacht verstummte die Kanonade. Schließlich tauchten aus dem nächtlichen Dunkel einige berittene Kosaken auf. Es schien ein Kosakenoffizier zu sein, der ihm ein Schreiben überreichte – Martos ging sofort voller Erregung hinein, zum Licht. Nein, das konnte doch nicht sein!!! Klujew war bereits Martos unterstellt, ließ ihn jedoch wissen, daß er keinerlei Möglichkeit sehe, das Korps nachts marschieren zu lassen! Daß er die Truppen Montag, den 15. (28) August, in Marsch setzen werde, aber nur unter der Bedingung, daß General Martos garantiert seine Position weitere vierundzwanzig Stunden hielte, bis in die frühen Stunden des 16. (29.) August.
Einfach mörderisch!! Ein Waschlappen und kein General!
Was blieb ihm noch übrig?
Kämpfen…
Und er ging wieder hinaus in die Dunkelheit.
Ja, links wurde immer noch geschossen. Hinter Waplitz.
Es hörte einfach nicht auf. Ja, das ist zwischen Waplitz und Wittmannsdorf. Dort liegt eine tiefe Schlucht. Eine Stelle, die wichtig werden könnte.
Wie viele Gefallene in diesen Tagen! Und wie todmüde sind alle, die nicht gefallen sind und nicht verwundet wurden!
So kann man zwei oder drei Monate Krieg führen. Aber wenn er länger dauern sollte?
Sie schossen immer noch. Für ein ungeübtes Ohr klang das nicht aufregend, aber das Ohr von Martos hörte schärfer: das ist kein Zufall. So hört es sich an, wenn im Dunkeln Truppen verschoben werden. Wahrscheinlich schießen wir, aber die Deutschen bereiten etwas vor. Er stellte sich die Lage von Scholtz' vor, indem er die Ereignisse des vergangenen Tages noch einmal überdachte. Ja, die Richtung war günstig, um die Flanke zu umfassen. Und der Zeitpunkt war auch günstig. Martos konnte den Angriff der Deutschen von dort förmlich sehen.

Gerade stellte der Organismus des Generals sich aufs Schlafen ein. Aber da leuchtete ein Warnlämpchen in ihm auf. Er ging ins Haus zurück und weckte die Schläfrigen und Faulen, telephonierte und schickte Ordonnanzen aus.
Er befahl, die Korpsreserve antreten, zur Schlucht marschieren und diese quer abriegeln zu lassen, er befahl der Korpsartillerie, auf die neue Richtung sich einzuschießen, die Regimenter Mingins ließ er über die Lage unterrichten und gab dem Kommandeur des Poltawa-Regiments den Befehl, sich auf einen zu erwartenden Nachtangriff einzustellen.
Den erschöpften, schlaftrunkenen Menschen konnten diese nächtlichen Befehle nur als sinnlose Quälerei erscheinen.
Martos rauchte wieder, ging federnd in den erleuchteten Zimmern auf und ab, ignorierte die feindselige Stimmung und ließ sich über die eingeleiteten Maßnahmen rapportieren. Natürlich, vielleicht waren es seine mißtrauischen Ohren und die Unübersichtlichkeit des Geländes bei Waplitz – aber schließlich war das Korps nicht deshalb zehn Tage marschiert und hatte fünf Tage gekämpft, um jetzt eine Niederlage zu verschlafen. Und es sah ganz so aus, als wünschte der General sich eher einen deutschen Angriff als einen friedlichen Sonnenaufgang.
Plötzlich, direkt in Waplitz, lebhaftes Feuer aus Hunderten von Gewehren. Martos stürzte auf den Dachboden hinauf und sah von dort das purpurrote kurze Aufblitzen, das jedoch allmählich nachließ.
Also doch! Er hatte sich nicht geirrt! Er ließ sich ein Pferd geben und ritt im Galopp der Reserve nach, zu jener Schlucht.«

Zu Routenvorschlag Allenstein – Darethen – Grieslienen

Oberst Kabanows Regiment opfert sich bei Darethen

(Seiten 389–395) »Noch am Morgen hatte der Aufmarsch des XIII. Korps als ein Vektor der Offensive aufgefaßt werden können. Als aber das Korps auf den Grieslienener Höhen einen halben Tag, ohne einen einzigen Schuß abzugeben, auf der Stelle trat, zerfiel es unmerklich zu einem Schrotthaufen. Entweder hätte das Korps dem in der Nähe befindlichen Martos zu Hilfe marschieren oder wenigstens zur eigenen Rettung sofort über die noch freien Landengen zwischen den Seen nach Süden abbiegen müssen – aber Klujew blieb den ganzen Tag Mariä Himmelfahrt unschlüssig stehen. Während er so auf der Stelle trat, hatten das Narwa- und das Koporje-Regiment Hohenstein den Deutschen

überlassen und waren nach Süden abgezogen. Während er so auf der Stelle trat, wurden die beiden in Allenstein als Nachhut zurückgelassenen Bataillone von der deutschen Kavallerie überrollt, niedergemetzelt und zusammengeschossen. Um die Sicherheit des untätig herumstehenden Korps zu gewährleisten, hielt das Newa-Regiment im Waldkampf unter dem Dreschflegel aus. Aber noch wirkungsvoller war Klujews Sicherheit durch das zehn Werst hinter seinem Rücken zurückgelassene Regiment Dorogobush gewährleistet.
Diesem Regiment fiel die Aufgabe zu, mit drei nicht komplettierten Bataillonen gleich nach dem Verlassen Allensteins die Nachhutkämpfe zu führen. Der Korpsstab hatte dem Regimentskommandeur, Oberst Kabanow, weder Abschnitt noch Frist angewiesen, sondern nur das eine: Die Nachhut muß kämpfen, bis sie abgelöst wird. Oberst Kabanow hatte wahrscheinlich ein überaus nüchternes Urteil über Generalleutnant Klujew, das aber an diesem Tag auf die soldatische Pflicht Kabanows keinerlei Einfluß haben durfte. Er hatte nur eines zu tun: Er mußte beurteilen, wo und wie der nachdrängende Gegner am sichersten und längsten aufzuhalten war. Und dann ihn aufhalten.
Wir, die wir im Alltag uns immer von Erwägungen der Selbsterhaltung leiten lassen, gehen an dem Rätsel des Berufssoldaten vorüber. Wie vermögen sie in der Todesbereitschaft zu leben?
Immer und in jeder Armee trifft man solche bewundernswerten Offiziere, in denen die höchste Standhaftigkeit des männlichen Geistes sich verdichtet.
Aber in diesen Augenblicken, am Tag Mariä Himmelfahrt, ging es Kabanow wahrscheinlich nicht mehr um diese Fragen. Wahrscheinlich hätte Kabanow sein eigenes Leben sofort hingegeben, wenn er dadurch den Feind hätte aufhalten können. Aber er brauchte dafür das seiner Soldaten, und er hatte nicht einmal genug, denn der Gegner hatte zur Verfolgung eine ganze Division angesetzt. Und wenn Kabanow gefragt hätte, dann nur so: Soll das ihm anvertraute, ihm ans Herz gewachsene Regiment geopfert werden, damit das Gros des Korps gerettet wird? Das Schwere lag darin, daß der Regimentskommandeur für sein Regiment die Rolle des Schicksals übernehmen mußte: er mußte das Todesurteil des Regimentes fällen. Artillerie hatte man Kabanow nicht gelassen. Die Munitionskisten waren verschwunden, sie waren irgendwo unterwegs hängengeblieben. Die Patronen waren so knapp, daß von vier Maschinengewehren nur ein einziges eingesetzt werden konnte. Im Jahre vierzehn des zwanzigsten Jahrhunderts traten die Dorogobusher gegen die deutsche Artillerie mit dem russischen Bajonett an. Das Regiment stand wahrscheinlich vor der Vernichtung, und dieses jeden Soldaten treffende Todesurteil lastete auf dem Gewissen des Regiments-

kommandeurs, ohne jedoch die Klarheit seiner Entscheidungen zu beeinträchtigen, wo eine Verteidigungslinie verlaufen mußte, wie sie sich möglichst teuer verkaufen und möglichst viel Zeit gewinnen konnten.
Die Linie fand Kabanow bei Darethen, wo die Anhöhen günstig verliefen und der eine Flügel an einen großen, der andere an eine Kette kleiner Seen stieß. Dort hatten die Soldaten Stellung bezogen und sie den ganzen sonnigen Nachmittag gehalten, bis in den hellen Abend hinein. Dort gingen ihnen die Patronen aus, dort gingen sie dreimal mit Bajonett zum Gegenangriff vor, dort ist, im Alter von dreiundfünfzig Jahren, Oberst Kabanow gefallen und in den Kompanien von zwanzig Soldaten kaum einer am Leben geblieben.
Dies war ein noch größeres Wunder als die Standhaftigkeit der Offiziere: daß diese Soldaten, zur Hälfte Reservisten, die vor einem Monat in Bastschuhen zur Einberufungsstelle gekommen waren und noch im Bann ihres Dorfes standen, hingegen von der ganzen europäischen Politik und diesem Krieg nichts wußten und verstanden, ebensowenig von dieser Armeeschlacht und von den Aufgaben des Korps, dessen Nummer sie nicht einmal kannten, daß sie nicht auseinanderliefen, sondern von einer unbekannten Macht über jene Grenze getragen wurden, an der die Eigenliebe und die Liebe zur Familie und der Selbsterhaltungstricb aufhören.
Was werden diese Todgeweihten an jenem Tag gedacht haben, angesichts des blauen fremden Himmels, der fremden Seen und der fremden Wälder? Das alles ist dort geblieben, in den russischen Massengräbern bei Darethen, die von den Deutschen bis zum Zweiten Krieg gepflegt wurden.«

Der überflüssige Sieg des Oberst Perwuschin

»Als er von den Grieslienener Höhen aus Hohenstein sieht, die Stadt und den Knotenpunkt, die er für Martos halten soll und wo bereits zwei seiner eigenen Regimenter hart kämpfen – bleibt Klujew stehen und wartet. Wartet er entschiedenere Verhältnisse ab? Oder einen neuen Befehl?
Er gibt einen einzigen Befehl: Er schickt das Newa-Regiment, das an der Spitze marschiert, nach rechts, in ein ganztägiges überflüssiges Gefecht im Kämmerei-Wald. Und der ungefällige Perwuschin führt sein Regiment dorthin, ohne Artillerie, nur mit einer Maschinengewehrkompanie. Er führt seine Soldaten in einen jener speziellen Waldkämpfe, bei dem die Sicht nach vorn und seitwärts höchstens zwanzig Schritt beträgt und man nicht erkennen kann, aus welcher Richtung die Kugeln kommen, wo die Schüsse besonders laut und unheimlich hallen und das Schrapnell über den Wipfeln wie ein Gewitter dröhnt, die Kugeln kra-

chend die Bäume zerspleißen, wie Sprenggeschosse wirken und rikochettieren wie neue Schüsse, wo die Soldaten auch durch splitterndes Holz und umstürzende Bäume verletzt werden können, über die Köpfe der Vordermänner schießen müssen und von eigenen Kugeln getroffen werden, selbst die tapfersten unter ihnen die Nerven verlieren und alles drunter und drüber geht. Das Newa-Regiment schlägt sich einige Werst durch Dickicht und kommt in der Dämmerung am westlichen Waldrand hervor, als Sieger. Aber dieser Sieg war überflüssig, und dieser Wald war auch überflüssig, und dem Regiment wurde der Rückzug befohlen.«

Zu Routenvorschlag Hohenstein

Das Narwa- und Koporje-Regiment in Hohenstein

(Seiten 311–318) »Erst gestern hatte man das Narwa- und Koporje-Regiment im Eilmarsch nach Norden gejagt, und erst in der Nacht schlugen sie ihr Biwak auf. Man erzählte sich, am nächsten Tag solle in der Stadt Allenstein Brot gebacken und ausgegeben werden. Doch am Morgen des 27. traf ein Befehl an das Narwa- und Koporje-Regiment ein, linksum kehrtzumachen und mit der gleichen Eile den unsichtbaren Deutschen die gestern zurückgelegten Werst zurückzuerstatten, von Allenstein weg, um dem Nachbarn zu Hilfe zu kommen, wie das dieselben Regimenter vor drei Tagen schon einmal getan hatten – umsonst. Vielleicht hatte der Brigadekommandeur dazu irgendeinen Kommentar erhalten. Aber den Bataillonsoffizieren hatte man nichts erklärt, und selbst bei gutem Willen konnten sie auf keine andere Erklärung für den gestrigen und heutigen Marsch verfallen als Dummheit oder böser Hohn. Und was mußten erst die Soldaten denken?
Jedoch – eine unverhoffte Belohnung erwartete ihre Regimenter. Mittags, bei strahlender Sonne, zogen sie unbehindert ein in die kleine Stadt Hohenstein, verblüffend nicht nur durch die gedrängten geräumigen steilen Dächer, sondern durch die im ersten Augenblick erschreckende Menschenleere. Die Stadt war völlig leer; weder ein russischer Soldat noch ein einziger deutscher Zivilist, kein Greis, keine Frau, kein Kind, nur wenige bedächtige Katzen. Die Vorhut traute dieser Ruhe nicht, das erste Regiment machte sich gefechtsbereit und schickte Patrouillen vor. In der Nähe grollte Artillerie, ratterten Maschinengewehre, aber die spitzgiebelige Stadt war aus einer Laune des Krieges völlig leer – und unversehrt!

Aber wie im Märchen der Held nach den ersten Schritten im verzauberten Bezirk seine Kräfte verliert, Schwert, Speer und Schild fallen läßt und gänzlich der Zaubermacht erliegt – so erging es auch hier den einziehenden Bataillonen gleich in den ersten Straßen. Sie kamen aus dem Gleichschritt, die Bereitschaft, dem Gefechtslärm entgegenzumarschieren, verblaßte, die berittenen Ordonnanzen mit den neuen Weisungen blieben aus. Und plötzlich bogen die Bataillone rechts und links ab, jedes suchte ein eigenes Revier, ein wenig später zerfielen auch sie in Züge, jeder gab sich der verzauberten, kraftlos machenden Luft hin.
Und der Zug Jaroslaw Charitonows, zu dem die besten, zuverlässigsten Soldaten gehörten, konnte nicht als einziger mit geschultertem Gewehr in der Sonne stehenbleiben, auch seine Soldaten hatten sich das Recht auf eine Rast verdient.
Und auf Verpflegung. Man konnte gewiß nichts dabei finden, daß nach vielen anstrengenden Tagen bei äußerst knapper Ration auch seine Soldaten sich einzeln vom Hunger unwiderstehlich treiben ließen. Warum sollte man das zurückgelassene fremde Gut schonen? Da – jetzt kommen sie mit Makkaroni an, die der russische Bauer noch nie gesehen hat. Und noch komischer: Gläser – und darin Kalbfleisch, nach unserer Art gebraten. Der kleine Nabjorkin bringt mit strahlenden Augen seinem Leutnant eine Kostprobe, voller Freude, ihm etwas Gutes tun zu können. ›Euer Wohlgeboren! Nichts für ungut, probieren Sie mal! Das haben die Deutschen fein raus!‹
Aber da kam der rührige Unteroffizier, Jaroslaws rechte Hand im Zug, und meldete, am Stadtrand sei eine Kaserne, und in der Schreibstube dort gebe es viele Karten! Jaroslaw war Feuer und Flamme und eilte zu den Kasernen.
In der Schreibstube lagen tatsächlich Karten von Ostpreußen, sehr sorgfältig gedruckt, viel deutlicher als jene Karten, die dem Narwa-Regiment, ein Exemplar pro Bataillon, zugeteilt worden waren. Jaroslaw suchte die Blätter jener Gegenden heraus, wo sie bereits gewesen waren und wohin sie vielleicht noch kommen würden. Der Krieg sieht ganz anders aus, wenn man eine vollständige Kartenzusammenstellung hat!
Aber, in Wirklichkeit wurde ihm immer grauer und elender zumute, ja er bekam Angst: Angst, das Vorgefühl eines Unheils. Die Spannung nahm immer mehr zu, nur zurück wollte er, zu seinen Leuten.
Jaroslaw sah auf dem Wege zu seinem Zug, wie sehr die Stadt sich während nur einer Stunde verändert hatte: die Verzauberung war gewichen, es war jetzt unsere Stadt. Zwei Soldaten standen wie Wachtposten vor der Tür eines Ladens, ließen keine Soldaten durch, nur Offiziere, und als gerade ein Bekannter Charitonows hineinging, folgte er ihm ge-

dankenlos. Im hinteren Raum zogen sich die Offiziere um, probierten verschiedenes an: Regencapes, warme Unterwäsche, Handschuhe. ›Charitonow, nehmen Sie die Gelegenheit wahr, versorgen Sie sich mit warmer Unterwäsche! Wir haben keine warmen Sachen. Sie kennen doch die russischen Intendanturen. Wir beide frieren, wir schlafen in unseren Mänteln auf der nackten Erde. Es geht gar nicht um unser persönliches Wohlergehen, sondern um die Armee. Wir werden besser kämpfen können. Wir stehen vor einem Winterfeldzug, Charitonow! Nehmen Sie Wäsche!‹
Die Vorahnung des Unheils wuchs. Irgendwo in der Stadt brannte es: große, hohe, hartnäckige Flammen. Überall rauchten offene Feuer und die Kochstellen der Soldaten. Sie gingen dazwischen hin und her wie die Zigeuner, schleppten irgend etwas herbei. Wie hatte sich das Narwa-Regiment in zwci Stunden verändert!
Er fühlte sich machtlos, er fühlte, daß er, ein Junge noch, gar kein Recht hatte, diese Bauern zu belehren, die alle schon Familienväter waren, aber er fühlte sich doch dazu verpflichtet – denn wozu trug er sonst die Achselstücke?
Jaroslaw lief weiter, vielleicht schon mehr als entsetzt, schon voller Zorn. Sie waren gewarnt worden: Marodeure sollten bestraft, sollten schonungslos ausgepeitscht werden! Aber er hatte sich Marodeure als fremde Bösewichte vorgestellt, weit weg, aber doch nicht unter den eigenen Regimentssoldaten, nicht aus dem eigenen Zug!
Dieses Haus war es! Das Tor stand offen, man konnte sehen, daß ein verrußter Kessel an Stangen über züngelnder Holzkohlenglut hing. Rundum saßen ungefähr fünfzehn Mann aus Charitonows Zug. Auf der Erde vor ihren Füßen lagen Konservendosen, aber sie aßen eigentlich nicht mehr, sondern tranken, indem sie mit Kochgeschirren und Bechern direkt aus dem Kessel schöpften.
Es durchfuhr ihn sofort: sie sind betrunken! Haben sie Branntwein im Kessel?! Aber was soll dann das Feuer darunter? Nein, die Gesichter wirkten berauscht und gut gelaunt, aber nicht betrunken, es war das österliche Wohlwollen nach langer Fastenzeit. Sie erschraken nicht, als sie ihren Leutnant bemerkten, sondern freuten sich. ›Euer Wohlgeboren! Hier, setzen Sie sich zu uns!‹ Zwei rannten um die Wette mit ihren Bechern zum Kessel, schöpften, einer hatte den seinen vorher ausgespült, der andere nicht, und brachten ihm die randvollen heißen Becher mit österlichem Lächeln: ›Euer Wohlgeboren, so was von Kakao! Mit so was hält sich der Deutsche bei Kräften, das Mistvieh!‹
Und es war nicht mehr möglich, sie anzubrüllen und sie zur Strafe antreten zu lassen. Charitonow schluckte. Und erst dann trank er den Kakao.
Die hintere Hofmauer war nicht hoch und noch weiter brannte ein

zweistöckiges Haus mit Mansarde. Die platzenden Dachziegel hörten sich an wie unregelmäßiges Gewehrfeuer. Sie sahen es, aber keiner lief, um zu löschen.
In Rauch und Flammen ging knisternd auf und zerstob in der Luft das fremde Gut, das keinen anging, das Werk fremder Hände, das keinen anging – und die Stimmen des Feuers rauschten und klagten, daß jetzt alles zu Ende, daß keine Versöhnung, kein Leben mehr zu erhoffen sei.«

Zu Routenvorschlag Gedenkstein General Samsonow

(Seiten 464–468) »Samsonow setzte sich auf einen dicken Baumstumpf und senkte den Kopf, bis der Bart auf der Brust lag. Wenn der Armeestab zu spät zum Durchbruch ansetzte, was würde morgen die Armee erwarten?
Aber Samsonow dachte: Das ist Gottes Finger. Wer hatte ihm den Sinn verdunkelt, so daß er seine Armee verlassen hatte? Und er erklärte mit Bestimmtheit: ›Ich entlasse Sie alle, meine Herren. General Postowskij, Sie übernehmen die Führung des Durchbruchs. Ich kehre zum XV. Korps zurück.‹
Aber sämtliche Offiziere des Stabs umringten den Oberbefehlshaber, er kommandiere die gesamte Armee; er allein könne in kürzester Zeit die verbliebenen Kräfte zusammenfassen, Rußland vor dem Eindringen des Feindes bewahren.
Samsonows Kräfte reichten nicht mehr hin, einem Dutzend ihn bedrängender Untergebener sich zu widersetzen. Schlimmer noch: seine Kräfte reichten nicht mehr hin, jetzt allein, nur von seinem Burschen Kuptschik begleitet, in die weite Dunkelheit aufzubrechen, zurück.
Der Feldherr, der seine Schlacht verloren hatte, war ruhiger als alle Offiziere seines Stabes. Er wartete darauf, daß sie ihn endlich weiterführten.
Aber die kleine, diensteifrig-aufdringliche Gestalt Postowskijs näherte sich und neigte sich zu ihm: ›Exzellenz! Gestatten Sie mir zu bemerken… Unsere Zukunft ist ungewiß … Wenn wir in die Hände des Feindes fallen, würden alle Papiere, alle Rangabzeichen … Weshalb sollten wir ihnen einen solchen Triumph gönnen?‹
Samsonow begriff nicht – welchen Triumph noch?
Von dem Gipfel der Einsicht, den Samsonow an diesem langen Tage erreicht hatte, kamen ihm solche Sorgen wie ein kindliches Lallen vor.
Wie die Wilden ihre Gottheit, wie ein goldenes Götzenbild, wollten sie

nur seine Statue mitschleppen, damit der Fluch nicht ihr Haupt treffe. Sondern seines.
Und schon marschierten sie.
Jetzt konnte General Samsonow wieder ungestört denken. Aber es fand sich, daß nichts mehr zu bedenken war. Es blieb ihm nur noch das Erinnern. Alles andere verdrängend, erschien vor Samsonow der Donkosakenheer-Dom auf seinem Hügel, dem breiten Hügel von Nowotscherkassk!
Ins Grab, in die Gruftkirche.
So werden Soldaten begraben.
Wenn es Siege gibt, um sich in Granit zu meißeln…
Samsonow hätte sich geschämt, um Rastpausen zu bitten, aber die anderen machten sie. Aber sie hatten keine Zeit, lange zu sitzen. Sie fürchteten, sich nach Willenberg zu verirren. Sie fürchteten, einer deutschen Patrouille über den Weg zu laufen. Der Körper von Samsonow – der war schwer.
Am Abend noch die Schutzgottheit des Stabs, wurde er gegen Mitternacht zu einem nicht von der Stelle zu bewegenden Mühlstein.
Schwierig war nur, Kuptschik zu entkommen: Aber als sie ein dichtes Gestrüpp umgingen, überlistete Samsonow seinen Kosaken: er trat zur Seite und hielt den Atem an, alles zog an ihm vorbei. Dieser Wald war nicht feindlich: er war nicht deutsch, nicht russisch, er war Gottes und gewährte jedem Lebewesen Obdach.
Es wurde ihm immer leichter. Er hatte einen langen Armeedienst hinter sich, hatte sich Gefahren und dem Tod ausgesetzt, war auf den Tod vorbereitet gewesen und hatte nie geahnt, daß er so einfach war und eine solche Erleichterung.
Aber der Selbstmord zählt zu den Sünden.
Der Revolver ließ sich leicht, mit einem leisen Knacken entsichern. Er legte ihn auf die Erde, in die umgekehrte Mütze hinein. Schnallte den Säbel ab, küßte ihn. Er tastete und küßte das Medaillon seiner Frau. Ging einige Schritte zu einem Platz, über dem sich der freie Himmel wölbte. Der Himmel bezog sich, ein einziger kleiner Stern war zu sehen. Er verschwand, kam wieder. Samsonow kniete auf den warmen Nadeln und betete – da er nicht wußte, wo Osten war – zu diesem Stern.
Erst die gewohnten Gebete. Dann – wortlos: er kniete, schaute in den Himmel, atmete. Dann stöhnte er auf, ungehemmt, wie jegliche sterbende Kreatur des Waldes: ›Herr! Wenn es Dir gefällt, vergib mir und nimm mich zu Dir. Du siehst: nichts anderes konnte ich, und kann nicht anders.‹«

X. Literaturverzeichnis

Baer, C.H.: Der Völkerkrieg. Eine Chronik der Ereignisse seit dem 1. Juli 1914. Stuttgart 1915

Bednarz, Klaus: Fernes nahes Land. Begegnungen in Ostpreußen. Hamburg 1995

Die Befreiung Ostpreußens. (Der Weltkrieg 1914 bis 1918, bearbeitet im Reichsarchiv. Die militärischen Operationen zu Lande. Zweiter Band) Berlin 1925

Beumelburg, Werner: Sperrfeuer um Deutschland. Oldenburg i.Oldbg./ Berlin 1929

Bircher, Eugen/Clam, Ernst: Krieg ohne Gnade. Von Tannenberg zur Schlacht der Zukunft. Zürich 1982

Boockmann, Hartmut: Ostpreußen und Westpreußen (Deutsche Geschichte im Osten Europas. Begründet von Werner Conze. Herausgegeben von Hartmut Boockmann und anderen). 2. Auflage, Berlin 1993

Dehnen, Max: Die Kriegsgräber in Ostpreußen von 1914/15. Würzburg 1966

Das deutsche Feldeisenbahnwesen. Erster Band: Die Eisenbahnen zu Kriegsbeginn. (Der Weltkrieg 1914 bis 1918, bearbeitet im Reichsarchiv. Die militärischen Operationen zu Lande.) Berlin 1928

Elze, Walter: Tannenberg. Das Deutsche Heer von 1914. Seine Grundzüge und deren Auswirkungen im Sieg an der Ostfront. Breslau 1928

Ettighofer, P. C.: Tannenberg. Eine Armee wird zu Tode marschiert. Gütersloh 1939

Fischer, Paul: Bei Tannenberg 1914 und 1410. 2te, bedeutend erhöhte Auflage, Lissa 1915

Generalfeldmarschall von Hindenburg: Aus meinem Leben. Leipzig 1929

Görlitz, Walter: Geschichte des deutschen Generalstabes von 1650–1945. Augsburg 1997

Guthardt, Konrad/Dörnenburg, Heinz: Elektronischer Kampf. Historische Entwicklung mit Beispielen aus acht Jahrzehnten. Heidelberg 1986

Hoffmann, Max: Der Krieg der versäumten Gelegenheiten. Leipzig 1939

Hoffmann, Max: Tannenberg wie es wirklich war. Berlin 1926

Krockow, Christian Graf von: Begegnung mit Ostpreußen. 2. Auflage, München 1994

Kürenberg, Joachim von: Rußlands Weg nach Tannenberg. Berlin 1934

Lindenberg, Paul: Gegen die Russen mit der Armee Hindenburgs. Leipzig 1914

Ludendorff, Erich: Meine Kriegserinnerungen 1914–1918. Berlin 1921

Ludendorff, Erich: Tannenberg. Geschichtliche Wahrheit über die Schlacht. Nachdruck Remscheid 1988

Niemann, Hans: Hindenburgs Siege bei Tannenberg und Angerburg. Berlin 1916

Noskoff, A.: Der Mann, der Tannenberg verlor. Berlin 1934

Rauscher, Walter: Hindenburg. Feldmarschall und Reichspräsident. Wien 1997

Schäfer, Theobald von: Tannenberg. (Schlachten des Weltkrieges. In Einzeldarstellungen bearbeitet und herausgegeben im Auftrage des Reichsarchivs. Band 19). Berlin 1927

Solschenizyn, Alexander: Das rote Rad, erster Knoten, August Vierzehn. München 1987

Tannenberg. Deutsches Schicksal – Deutsche Aufgabe. Herausgegeben vom Kuratorium für das Reichsehrenmal Tannenberg. Oldenburg i.Oldbg./Berlin 1935

Tietz, Jürgen: Das Tannenberg-Nationaldenkmal. Architektur – Geschichte – Kontext. Berlin 1999

Transfeldt. Wort und Brauch in Heer und Flotte. 9., überarbeitete u. erweiterte Auflage. Herausgegeben von Hans-Peter Stein, Stuttgart 1986

Tuchmann, Barbara: August 1914. Bern 1972

Uhle-Wettler, Franz: Höhe- und Wendepunkte Deutscher Militärgeschichte. Mainz 1984

Wehrt, Rudolf van: Tannenberg. Wie Hindenburg die Russen schlug. Berlin 1934

Welder, Michael/Meitsch, Rudolf: Reise nach Masuren. Spurensuche in Ostpreußen, Westpreußen und Danzig. 2., durchgesehene Auflage, Leer 1988

XI. Besichtigungsmöglichkeiten und praktische Hinweise

Auf dem Weg zu den Schlachtfeldern von Tannenberg oder von dort innerhalb von drei Stunden mit dem Auto erreichbar befindet sich eine Vielzahl von Orten, die dem militärisch-historisch, allgemein geschichtlich oder kulturell Interessierten empfehlenswerte Besichtigungsmöglichkeiten bieten. Die folgende Aufstellung stellt dabei nur eine Auswahl dar und kann weder die landschaftlichen Reize des Ermlandes, von Masuren, des Nordostens von Polen mit Suwalki oder Bialystok noch das Umfeld der Weichsel mit dem alten polnischen Siedlungsgebiet von Masowien im einzelnen erfassen. Die Hinweise sollen deshalb nur einen Überblick bieten und zu eingehender Rciseplanung anregen.

Elblag (Elbing)
1237 vom Deutschen Orden gegründet; dort kam es 1454 zum Aufstand gegen den Orden und zur Zerstörung der Burg. Von der mittelalterlichen Altstadt blieb im Zweiten Weltkrieg nur die im 14. Jahrhundert erbaute Nikolaikirche übrig. Gleich in deren Nähe befindet sich eine Anlegestelle des Kanals Elblaski (des Oberländischen Kanals), der sich von Elbing über 67 Kilometer bis nach Ostroda (Osterode) hinzieht. Fahrtzeit bis zum Schiebewerk Buczyniec (Buchwalde) 4,5 Std., bis Osterode 11 Std. Dieser in Europa einzigartige Schiffahrtsweg überwindet die 104 Meter Höhenunterschied zwischen Elbing und dem Hügelland um Osterode durch fünf schiefe Ebenen, über die die Schiffe mit Gleitkarren gezogen werden.

Frombork (Frauenburg)
Am Frischen Haff gelegen, war Frauenburg 30 Jahre lang die Wirkungsstätte von Kopernikus. Die Stadt wird von der Domburg überragt, die mit einer Wehranlage umgeben ist. In einem der Türme soll sich das Observatorium von Kopernikus befunden haben.
Vom Glockenturm, in dem sich ein Planetarium befindet, hat man einen herrlichen Blick über die Stadt und die Nehrung. Im gotischen Bau, 90 Meter lang und mit 16 Altären ausgestattet, liegt an unbekanntem Ort die letzte Ruhestätte von Kopernikus, dem im Bischofspalais ein Museum gewidmet ist. Von Frauenburg fahren Dampfer auf die Frische Nehrung und nach Königsberg.

Gizycko (Lötzen)
Lötzen – eine der größten masurischen Städte – liegt malerisch zwi-

schen dem Jezioro Niegocin (Löwentinsee) und dem Jezioro Mamry (Mauersee). Der Deutsche Orden errichtete hier zunächst eine hölzerne, später eine steinerne Burg. Ein Handelszentrum im 16. und 17. Jahrhundert, erlebte Lötzen einen Schweden- und Tatareneinfall und brannte 1657 völlig ab. Die Stadt kam zu neuer Blüte durch den Bau des Kanals, der Löwentin- und Mauersee verbindet. Der Hafen hat regelmäßige Schiffsverbindungen nach Nikolaiken und zur Kormoraneninsel.

Grudziadz (Graudenz)
Der Schloßhügel (Gora Zamkowa) bietet einen schönen Blick nicht nur auf das Stadtzentrum mit seinen reizvollen Bauten aus preußischer Zeit, sondern auch auf die Getreidespeicher am Flußufer, die zusammen mit herrschaftlichen Häusern an die Epoche erinnern, als in Graudenz der Getreidehandel wichtigster Erwerbszweig war. In Graudenz befand sich 1914 nicht nur eine der Großfunkstellen, sondern hier wurden auch Truppen von der Eisenbahn entladen, die man, von der Schlacht bei Gumbinnen kommend, für den Einsatz bei Tannenberg bereitstellte.

Grunwald (Grünfelde)
Die Erinnerung an die Schlacht von Grunwald wird nicht nur durch das 1960 errichtete Denkmal und Museum aufrechterhalten. Jeweils um den 15. Juli herum findet im Umfeld des Denkmals ein Fest statt, bei dem der Schlacht gedacht und Jugendgruppen in historischen Uniformen, Ritter und Gefolge des Deutschen Ritterordens und des polnisch-litauischen Heeres nachstellen.

Itawa (Deutsch Eylau)
Die Stadt war und ist ein wichtiger Eisenbahnknotenpunkt – auch hier wurden deutsche Truppen für die Schlacht bei Tannenberg entladen – zwischen Danzig und Thorn. Deutsch Eylau liegt wunderbar am Jezioro Jeziorak (Geserichsee) und am Oberländischen Kanal und besitzt eine sehenswerte gotische Pfarrkirche aus dem 14. Jahrhundert.

Ketrzyn (Rastenburg) und Umgebung
Von besonderem militärhistorischem Interesse in diesem Teil Masurens sind die Hauptquartiere der Wehrmacht und Befehlszentralen der NSDAP in und um Rastenburg, die jährlich von mehr als 200.000 Interessenten besucht werden.
Hauptanziehungspunkt ist dabei das Führerhauptquartier »Wolfschanze« bei Rastenburg, Ort des Attentats auf Hitler am 20. Juli 1944. Hitler verbrachte in der Wolfschanze über 800 Tage zwischen dem 24. Juni 1941

und dem 20. November 1944. Das Gelände ist touristisch gut erschlossen. Am 20. Juli 1992 wurde dort vom deutschen Botschafter in Polen in Anwesenheit der drei Söhne des Claus Schenk Graf von Stauffenberg eine bronzene Gedenktafel in Form eines Buches enthüllt.

Im Umfeld der Wolfschanze befanden sich folgende weitere Feldquartiere, von denen auch heute noch zumindest Reste zu finden sind:

- »Mauerwald«, Feldquartier des Oberkommandos des Heeres, Straße nach Angerburg, etwa 17 km nördlich von Rastenburg, am Ufer des Mauersees;
- Rominter Heide, Luftwaffenhauptquartier Görings, etwa 65 Kilometer nordostwärts Rastenburg, bei Goldap;
- Schloß Steinort (Sztynort) am Mauersee; Sitz des Reichsaußenministers Joachim von Ribbentrop (Mit seiner großartigen Landschaft gehört Steinort zu den schönsten Orten im nördlichen Polen. Auf einer Landzunge zwischen den Seen liegt das ehemalige Gut des Grafen Lehndorff. Der letzte Gutsherr, Heinrich von Lehndorff, gehörte zum Kreis der Verschwörer des 20. Juli 1944. Obwohl das Herrenhaus stark verfallen ist, lohnt sich ein Besuch auch wegen des alten Eichenbestandes in der wunderbaren Landschaft.)
- Himmlers Feldkommandostelle »Hochwald«, bestehend aus drei schweren Bunkern und mehreren Backsteinbauten, lag in einem Waldstück in der Nähe von Großgarten (Pozezdrze), etwa 27 Kilometer nordostwärts Rastenburg;
- »Festung Boyen«, Abwehrdienststelle des Admirals Canaris, unter Führung des Generals Gehlen, bei Lötzen (Gizycko).

(Einzelheiten hierzu siehe z.B.: Jerzy Szynkowski/Georg S. Wünsche, »Wolfschanze und das Attentat vom 20. Juli 1944«)

Kwidzyn (Marienwerder)
40 Jahre vor dem Bau der Marienburg siedelten die Ritter des Deutschen Ordens erstmals in diesem Bereich der Weichsel und benannten den Ort nach ihrer Schutzpatronin. Die im Krieg nicht zerstörte Anlage besteht hauptsächlich aus dem im Fluß stehenden Turm und dem zum Hauptgebäude führenden Viadukt sowie einer Kathedrale mit Malereien und Mosaiken aus dem 14. Jahrhundert.

Lidzbark Warminski (Heilsberg)
Heilsberg war von 1350–795 Sitz der ermländischen Bischöfe. Dazu gehörte auch Bischof Lukas Watzenrode, Onkel des Astronomen Nikolaus Kopernikus. Die imposante Residenz der Bischöfe wurde von 1350–1401 erbaut und ist neben der Marienburg die besterhaltene

Wehranlage des Ritterordens. Besonders sehenswert sind der Kreuzgang im Arkadenhof der Vierflügelanlage und die Wandmalereien in der Burgkapelle mit Szenen des Alten Testaments.

Liski Judity (Liesken-Juditten)
Nordostwärts von Bartoszyce (Bartenstein) und 60 Kilometer nordwestlich von Rastenburg, wo u.a. von 1877 bis 1945 die berühmten Trakehner-Pferde gezogen wurden, befindet sich seit 1951 Polens Nationalgestüt, in dem jetzt die Nachfolger der legendären ostpreußischen Warmblutpferderasse gezüchtet werden.

Malbork (Marienburg)
Der Backsteinbau der Marienburg ist einer der gewaltigsten profanen Anlagen des Mittelalters. Sie war Residenz des Hochmeisters des Deutschritterordens von 1309 bis 1466. Nach der Vertreibung des Ordens fiel die Burg an die polnische Krone, später und bis zum Ende des Ersten Weltkrieges an Preußen. Die im Zweiten Weltkrieg stark zerstörte Burg wurde ab 1954 wieder aufgebaut. In den Ausstellungsräumen wird neben Waffen, Rüstungen und Dokumentationen zur Restaurierung, die Malborker Bernsteinsammlung gezeigt. Einen hervorragenden Ausblick auf die Gesamtanlage bietet das jenseitige Ufer der Nogat, die unmittelbar an der Marienburg vorbeiströmt.

Mlawa
Von Warschau auf der B 77 fahrend, erreichen Sie nach etwa 87 Kilometern Mlawa. Auf einer Höhenschwelle am Nordrand der Stadt sehen Sie links – neben einem Restaurant – ein großes Kriegerdenkmal. Es ist der 20. polnischen Infanteriedivision gewidmet, die dem Angriff deutscher Truppen (11. und 61. Infanteriedivision, Panzerdivision Kempf) vom 1.–4. September 1939 hartnäckigen Widerstand entgegensetzte und damit zeitweise den kürzesten Weg von Ostpreußen nach Warschau versperrte.

Morag (Mohrungen)
Dort wurde im August 1744 Johann Gottfried Herder geboren. Den »großen Philosoph und Freund der Slawen« ehrt eine Bronzetafel gegenüber seinem Geburtshaus. Im Dohne-Schloß ist ein Herder-Museum eingerichtet und eine Sammlung holländischer Malerei zu sehen.

Mragowo (Sensburg)
Im Zentrum Masurens gelegen, ist Sensburg idealer Ausgangsort für

Ausflüge in eine der schönsten Gegenden der Region. Jeweils am letzten Juli-Wochenende findet ein viertägiges Country-Musik-Festival im dortigen Amphitheater statt.

Nidzica (Neidenburg)
1381 auf einem Hügel am Neidefluß gegründet, baute der Deutsche Orden hier eine mächtige Burg. Sie wurde in den letzten Jahren mit Hilfe der Europäischen Union restauriert. In ihr befindet sich das Kulturzentrum von Neidenburg. Darin können – nach Voranmeldung – rustikale polnische Rittermahle gefeiert werden, wofür die Besucher in mittelalterlich gestaltete Gewänder gekleidet werden.

Olecko (Treuburg)
Die Stadt – etwa 1 Stunde ostwärts von Gizycko (Lötzen) gelegen – wurde 1560 von Herzog Albrecht von Hohenzollern gegründet. Den Namen Treuburg verdankt sie dem von Polen 1920 verlorenen Plebiszit. Treuburg ist vor allem durch die Erzählung »Die Reise nach Oeltzko« aus dem Buch »So zärtlich war Suleyken« von Siegfried Lenz bekannt. Mit einem der größten europäischen Marktplätze (5,5 ha) ist Treuburg heute ein Zentrum des Tourismus.

Reszel (Rössel)
1241 baute hier der Deutsche Orden im Grenzbereich des historischen Ermlandes und Masuren eine Burg. Die heutige Anlage – die die ermländischen Bischöfe errichten ließen – ist die meistbesuchte Attraktion von Rössel und lädt zum Übernachten ein.

Sorkwity (Sorquitten)
Von Sorquitten aus veranstaltet die Polnische Gesellschaft für Touristik und Landeskunde organisierte Kanufahrten auf einem rund 110 Kilometer langen Abschnitt des Flusses Kruttinna, der 17 Seen miteinander verbindet.

Swieta Lipka (Heiligelinde)
In Polen gibt es über tausend Wallfahrtskirchen. Eine der bedeutendsten in Masuren und im Ermland ist Heiligelinde. Die barocke Wallfahrtskirche mit dem Jesuitenkloster und den Wehranlagen zeigt im Innern schöne Fresken und Altäre von Königsberger Künstlern. Bekannt durch Konzerte im Sommerhalbjahr ist auch die Mosengelsche Orgel mit zahlreichen beweglichen Figuren. Höhepunkt mit einem großen Basar ist das Fest Mariä Himmelfahrt am 15. August.

Szczyno (Ortelsburg)
Die Besiedelung dieser Gegend begann bereits im 2. Jahrhundert v. Chr., wovon oberirdische Steinkammergräber zeugen. Während des Ersten Weltkrieges verbrannte Ortelsburg fast völlig. Heute ist die Stadt Ausgangspunkt für die Warschauer, die ein Wochenende in Masuren verbringen wollen. Sehenswert die evangelische Kirche von 1718 und die Faunasammlung im Schloß, neben dem sich die Ruinen der Burg des Deutschen Ordens befinden.

Torun (Thorn)
Die meisten Sehenswürdigkeiten dieser alten Stadt an der Weichsel stammen aus der Zeit des Deutschritterordens, der Thorn Wohlstand brachte, aber 1454 durch Polen vertrieben wurde. Von der Ordensburg blieben nur noch mächtige Ruinen übrig. Sehenswert sind aber auch das Rathaus im gotischen Stil mit einer Renaissanceetage sowie die Johannis- und Marienkirche. Berühmtester Sohn der Stadt ist Nikolaus Kopernikus. In Thorn befand sich 1914 eine Großfunkstelle.

Wojnowo (Eckertsdorf)
1830 mußten altgläubige Philipponen ihre russische Heimat verlassen und gründeten in der Johannisburger Heide 10 Dörfer. In Eckertsdorf gibt es heute noch typisch russische Holzhäuser und ein Nonnenkloster, idyllisch am Dus-See gelegen. Die Johannisburger Heide mit den vielen kleinen Seen ist ein Tierparadies und ideal geeignet zum Wandern.

Praktische Hinweise

Unterkunft im Raum Tannenberg

- Die Anzahl der Hotelanlagen, die höherem Standard entsprechen, ist begrenzt. Am ehesten ist in Allenstein etwas zu finden (z. B. Novotel, Telefon 089 - 27 40 81). Eher rustikal, einfach angelegt, aber unmittelbar »auf dem Schlachtfeld« ist ein Freizeitheim der polnischen Streitkräfte: WDW WARMIA, ca. 7 Kilometer ostwärts von Waplitz im Wald gelegen (Telefon 022 - 6 51 84 31 oder 6 42 07 49).
- Privatzimmer werden oft am Straßenrand angezeigt (pokoje oder noclagi) oder sind über eine Zimmervermittlung (biuro zakwaterowania) buchbar.

Auskünfte über Polen

- Polnisches Informationszentrum für Touristik,
  Waidmarkt 24, 50676 Köln, Telefon 0221 - 23 05 45, Fax - 23 89 90

- Reisebüro Polorbis
  10243 Berlin Telefon 030 - 5 89 45 30
  20099 Hamburg Telefon 040 - 24 81 03
  50672 Köln Telefon 0221 - 95 15 34 20
  70178 Stuttgart Telefon 0711 - 61 24 20.
- Touristikinformationen in Polen
  (Vorwahl nach Polen von Deutschland: 00 48)
  10 - 123 Olsztyn, ul. Grunwaldzka 15 Telefon (0) 89 27 30 90
  80 - 861 Gdansk, ul. Hewelinsza 27 Telefon (0) 58 31 43 55.

Geld

Die polnische Währung heißt Zloty (PZL). Das Ein- und Ausführen von Landeswährung ist verboten. Bargeld kann in zahlreichen Wechselstuben (Kontor; z.B. in Allenstein oder Hohenstein) oder Hotels getauscht werden. Eurocheques und Reiseschecks werden von Banken eingelöst, Kreditkarten in größeren Hotels, Restaurants sowie Autovermietungen akzeptiert.

XII. Reiseführer und Karten

Reiseführer

Dobrzanski, Aleksandra, und Wojcisch: Masuren und Umgebung – ein kleines Abc. 2. erg. u. überarbeitete Aufl., Warschau 1996

Elwers, Reiner, und von Oppeln, Detlev: Masuren entdecken. Berlin 1995

Haftka, Mieczyslaw/Mierzwinski, Mariusz: Marienburg. Burg des Deutschen Ordens. Warschau 1996

Dito. München 1996

HB Bildatlas Nr. 148: Danzig – Ostsee – Masuren. Hamburg 1995

HB Bildatlas Euro-Special Nr. 14: Polen. Hamburg 1997

Hardenberg, G.: Reiseführer Ostpreußen – Südlicher Teil – Westpreußen und Danzig. 9. Aufl., Leer 1995

Szynkowski, Jerzy: Reiseführer Wolfschanze. Leer 1990

Szynkowski, Jerzy/Wünsche, Georg S.: Wolfschanze und das Attentat vom 20. Juli 1944. Ketrzyn/Rastenburg 1996

Tycner, Janusz: Auf den Spuren von Tannenberg 1914. Ostpreußen im Ersten Weltkrieg – Ein kleines Abc. Warschau 1995

Karten

ADAC-Karte Polen 1: 500.000. München 1998

Zweisprachige Straßenkarte Polen 1: 750.000. Leer 1988

Karten mit dem Stand von ca. 1920 können beim Bundesamt für Kartographie und Geodäsie – Außenstelle Berlin – Stauffenbergstraße 13, 10785 Berlin, gegen Bezahlung erworben werden.

XIII. Register

Personenregister

Ortsregister

Militärgeschichtlicher Reiseführer

ISBN 3-8132-0475-8

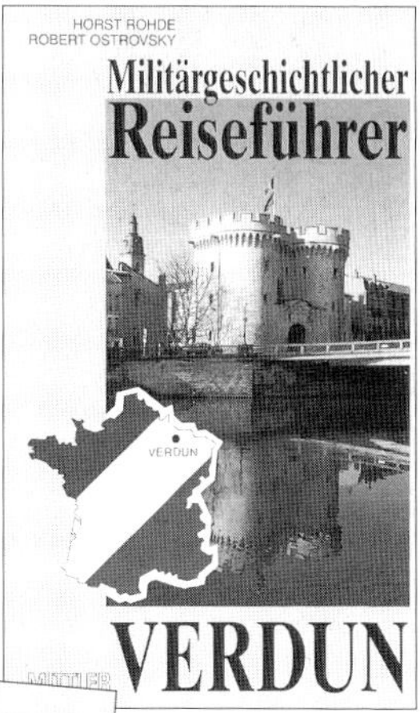

ISBN
3-8132-0521-5

ISBN
3-8132-0550-9

ISBN 3-8132-0497-9

ISBN 3-8132-0519-3

ISBN 3-8132-0531-2

ISBN 3-8132-0554-1

ISBN
3-8132-0567-3

ISBN 3-8132-0598-3

ISBN 3-8132-0559-2

Koehler/Mittler
www.koehler-mittler.de